Die 7 Mächte, die die Welt erschaffen & Die 7 Mächte in Dir

Meisterlehren der Hoffnung

BAND 1

JOHANNA KERN

Aus dem Englischen von

Elke von der Heyden

Veröffentlicht von HUMANS OF PLANET EARTH ASSN.

HOPE ASSN.

Aus dem Englischen von Elke von der Heyden

Umschlag und graphische Darstellungen:
Johanna Kern

Zweite Ausgabe 2024:

ISBN: 978-1-989913-51-2

Widmung

Meiner Familie, Freunden

und Dir gewidmet

Mein tief empfundener Dank gilt Elke von der Heyden und Monika Hein für Ihre hervorragende Arbeit, für Ihre enormes Engagement um die deutsche Version des Buches so wunderschön zu machen.

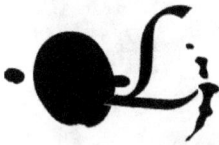

„Liebe, freu dich und lerne.
Lebe und halte dein Herz weit offen, egal was geschieht, egal ob du dir weh-tust. Das Leben ist ein Paket voll von den verschiedensten Erfahrungen. Sie alle sind Geschenke, die dem Menschen erlauben, sich zu einem größeren, weiteren, schöneren und bewussteren Selbst zu entwickeln.

Lerne dich als ein menschliches Wesen kennen und freu dich daran. Jeder von euch ist sehr mächtig.

Alles was du brauchst, um deine Macht wachzurufen, ist, dich zu erinnern, dass du sie bereits besitzt und sie mit Liebe benutzt."

– Aus „Der Meister und die Grünäugige Hoffnung"

INHALT

Eine Anmerkung von Johanna Kern

Wie würdest du dein Leben beschreiben? Passiert es so einfach dir zum Trotz? Gegen dich? Für dich oder mit dir?

Welche Antwort du auch in dir findest, sie wird dir sagen, wo du in diesem Augenblick gerade stehst. Das ist alles. Es gibt kein Richtig oder Falsch in einer deiner Antworten. Sie sind lediglich die Reflexion dessen, wer du gerade bist. Sie sagen dir auch, ob das, was du von dir denkst, deiner inneren Wahrheit entspricht.

Als das Bewusstsein, das du bist, entwickelst du dich ständig und suchst nach Gelegenheiten deine Sicht von dir selbst zu erweitern. Das manifestiert sich in deinem Leben durch dein Streben nach Glück, der Suche nach dem Sinn deines Lebens, und wie du deine Situation verbessern kannst, in der Sehnsucht nach einer glücklichen Beziehung, dem Greifen nach deinen Träumen, dem starken Gefühl, dich verbessern zu müssen und so weiter und so fort.

Unser physisches Leben ist unsere eigene Reise. Sie gehört zu uns und kommt von uns.

Lasst uns nicht darüber streiten, wie wirklich alles begann oder wie die Natur dessen ist, den sie vielleicht mit Gott/Göttin bezeichnen, den Geist, die Höhere Macht, die Übermacht – oder die Höchste Schwingung, wie wir sie in den Meisterlehren der Hoffnung nennen.

Das ist nicht der Sinn dieses Bandes. Und es ist nicht unsere Absicht, euch zu sagen welche Religion oder Philosophie die beste für euch ist.

Die Meisterlehren der Hoffnung wertschätzen und respektieren alle Glaubensrichtungen gleichermaßen.

Wir sehen alle Religionen und Philosophien mehrheitlich als den Ausdruck spezieller, örtlich begrenzter und kultureller Konditionierungen an, die die Menschen Gott/die Göttin/Götter/den Geist/ die Höhere Macht/die Übermacht in einer bestimmten Weise wahrnehmen und anbeten lassen.

All diese Glaubensrichtungen sind voll menschlicher Weisheit, auf die man auch zurückgreifen kann, ohne sich auf bestimmte Überzeugungen einzulassen, für die sie stehen.

Als Antwort auf viele Anfragen hab ich mich entschlossen eine höhere Stufe der Meisterlehren der Hoffnung zu enthüllen, die sowohl alles über unsere Herkunft und den Sinn verdeutlichen, als auch darüber sprechen, wie wir die unendlichen Möglichkeiten des Schöpfungsrades erkunden können.

Die Meisterlehren der Hoffnung wollen dir helfen dein Bewusstsein zu erweitern und dich zu deinem vollen Potential zu entwickeln. Sie sind nicht dafür gedacht, dass du denjenigen veränderst, der du bist oder deinen Glauben wechselst, ob dein Hintergrund nun einen wissenschaftlicher, atheistischer oder irgendein anderer, religiöser ist.

In diesem Band wirst du die 7 Mächte kennen lernen, die die Welt erschaffen und die gleichzeitig als interne Prozesse beschrieben werden, die während unserer fortlaufenden Entwicklung stattfinden.

Jede der 7 Mächte ist einzigartig und jede von ihnen spielt eine spezielle Rolle in der Schöpfung. Gleichzeitig müssen alle zusammenarbeiten, sodass die Schöpfung stattfinden kann. Indem wir die 7 Mächte verstehen und uns auf sie einschwingen, haben wir die Chance uns von dem bösartigen Kreislauf des Kreierens und Rekreierens unseres persönlichen und globalen Schattenlandes zu befreien. Es hängt nicht von äußeren Kräften ab zu entscheiden, welches Leben wir leben. Es hängt vielmehr von uns selbst ab. Und es wird Zeit das einzufordern, was uns gehört: das Leben, das wir führen wollen, die Wirklichkeit und die Freiheit, die wir wollen und das Glück, das uns zusteht.

Um euch zu helfen euch mit den 7 Mächten zu verbinden, habe ich ein spezielles Programm entwickelt, welches dir erlaubt, dich außerhalb des Konzepts deines Geistes zu erfahren:

In diesem Band wirst du Werkzeuge finden, die dir helfen deine Sichtweise von dir selbst zu erweitern, deine Intuition zu schärfen, dein „drittes Auge" zu öffnen und seine Sichtweise zu verbessern. Das wird dazu führen, einige der schlafenden Bereiche deines Gehirns zu wecken.

Du wirst lernen, wie du deine Gedanken gebrauchen kannst, um die Wirklichkeit, in der du lebst, zu beeinflussen und wie du die Geschenke der 7 Mächte nutzt, um dein höchstes Potential zu erreichen.

Es gibt keine Grenzen dafür, wer du werden kannst, weil es keine Grenzen deiner Großartigkeit gibt.

In Liebe übergebe ich den 1. Band der Reihe der fortgeschrittenen Meisterlehren der Hoffnung in deine Hände.

Johanna Kern

Was ist Macht
und was ist sie nicht

Du bist hier um zu erfahren, dass es keine Grenzen für dich gibt

Du bist hier um der zu sein, der du sein solltest

Du bist hier

Was bedeutet Macht für dich?

Ist es Kontrolle? Freiheit das zu tun, was man will? Einfluss auf andere? Ist es Glamour? Geld? Ruhm? Hoher sozialer Status? Oder vielleicht ist Macht für dich die Zusicherung für eine immerwährende und bessere Existenz, eines Tages, nachdem du gestorben bist?

Ob nun unsere Machtübernahme auf sozialer oder religiöser Konditionierung, persönlichen Wünschen oder dem Wunsch nach einer besseren Welt nach unserem Tod basiert, in jedem Fall ist es unsere Wahl.

Und wenn diese Entscheidung in unserem Gefühl der Ohnmacht wurzelt, das sich als Bedürfnis, besonders und bedeutsam zu werden, ausgedrückt – wodurch man „sicher“ und „würdig“ ist zu leben und zu überleben – dann spiegelt sie selten unser tiefes Verständnis davon wider, wie wir unsere Rolle in der Welt wirklich sehen.

Unterwerfen wir uns unserer Unsicherheit, so tragen wir unsere Machtlosigkeit weiter und geben der Angst nach. Nicht nur, dass wir unserer Einzigartigkeit, unserer wahren Schönheit und Bedeutung keine Rechnung tragen, wir erfreuen uns auch nicht an unserem Leben und sehnen uns, ob nun zu Lebzeiten oder nach dem Tod, stattdessen nach einer besseren Zukunft.

Es gibt keine Garantien für das ewige Bestehen unseres Seins (oder der Seele, wenn du so willst). Ebenso wenig wie es eine Garantie dafür gibt, dass wir am nächsten Morgen wieder aufwachen. Natürlich wollen wir als das Bewusstsein, das wir sind, hierbleiben. Das können wir auch, aber nur, wenn wir fortfahren uns zu entwickeln und unsere Existenz zu erfahren.

Jeder einzelne von uns kann verbunden werden mit der Wahren Unendlichen Macht, die zugänglich für uns ist, uns unsere andauernde Existenz zusichert und uns die zahlreichen Möglichkeiten für unsere Erfahrungen kreieren lässt.

Wenn wir durch unsere Konditionierung nach Macht streben, ob sie nun sozialer oder religiöser Natur ist oder von einem Gefühl der Wertlosigkeit herrührt, verringern wir in Wirklichkeit unser wahres mächtiges Selbst.

Es ist, als stülpten wir Papiertüten über eine Kerze um eine Laterne herzustellen und sie vor dem Wind zu schürzen.

Wir wollen sicherstellen, dass sie bei Nacht leuchtet. Aber die Tüte verdunkelt das Licht, nimmt der Kerze den Glanz und begrenzt ihre Macht.

Verstecken wir uns unter der „Papiertüte“, haben wir nicht die volle „Leuchtkraft“, die mittels der Wahren, Unendlichen Macht durch uns hindurchfließt. Deshalb bleiben wir in unserer Angst gefangen und geben unseren Bedürfnissen, Wünschen unseres Egos, Geistes oder den Emotionen nach.

„Ist etwas falsch an unseren Bedürfnissen und Wünschen?“, fragst du vielleicht.

Nein. Mit uns ist nichts verkehrt, wenn wir unserem Verlangen nach mehr materiellem, emotionalen und intellektuellen „Spaß“ nachgeben, wenn wir unserer Tatkraft und unseren Ambitionen nachgeben. Ganz im Gegenteil, es ist großartig Spaß zu haben!

Es ist jedoch wichtig diese Art von Verlangen nicht mit etwas anderem zu verwechseln und sich klar bewusst zu sein, dass die Erfüllung dieser Wünsche nicht gleichbedeutend ist mit der Erlangung eines besonderen Platzes im Universum.

Es gibt viele Menschen, die von der Illusion der Macht der „Papiertüten“ besessen sind (oder kurz „Papier-Macht“). Und wir sehen oft das Resultat dieser Besessenheit, wenn sie andere und die Natur respektlos behandeln, Schaden anrichten, sie verletzen oder vernichten und letztlich die Welt, in der wir leben, zerstören.

„Papier-Macht“ ist nichts als Illusion. Ganze Gesellschaften wurden schon so manipuliert, dass sie teilnahmen an dieser Art Illusion und einem System gehorchten, von dem nur wenige profitierten.

Dies sind die gängigsten trügerischen Arten von „Papier-Macht“, die auf unserem Planeten von Generation zu Generation weitergereicht wurden:

- die Scheinmacht, die Götzen dient
- die intrinsische Scheinmacht,
- die virtuelle Scheinmacht

Die Scheinmacht, die Götzen dient, indoktriniert den Menschen und prägt ihm Angst ins Unterbewusstsein ein, operiert mit Gehirnwäsche, manipuliert, indem sie göttliche Symbole/Idole proklamiert und eine Reihe von Regeln schafft, die Angst erzeugt, ihnen die Freiheit nimmt, für sich selbst zu denken und ihr Potenzial voll auszuschöpfen. Es ist einfacher, Menschen zu übervorteilen, die nicht selbständig denken und Angst haben.

Die intrinsische Scheinmacht nimmt für sich das Recht in Anspruch über anderen zu stehen, bezeichnet sich selbst als besseres, auserwähltes, spezielles Wesen, das „von Rechts wegen“ andere ausnutzen, von ihnen profitieren und sie unterdrücken darf.

Die virtuelle Macht bedient sich der Manipulation, des Täuschens, der Entmachtung, sie überstimmt die Menschen und zwingt ihnen Regeln und Regularien auf, die befolgt werden müssen und die letztlich meist der „Geld – Elite“ zum Vorteil gereichen, während die Illusion entsteht, dass die Macht geschützt und regiert wird. In den Menschen wird der falsche Eindruck erweckt eine Wahlmöglichkeit über Qualität und Handlungen zu haben.

In Wahrheit haben wir tatsächlich eine Wahl: wir allein definieren unsere Macht und Begrenzungen. Es war immer unsere Wahl.

Wir sind diejenigen, die uns selbst Grenzen setzen mit der Papier – Macht, obwohl wir über die Jahrhunderte beobachtet haben, wie eine solche Macht zerbröckelt und früher oder später auseinanderfällt. Wir sind diejenigen, die sich „Papiertüten“ überstülpen und wir selbst können uns davon befreien.

Die einzige Frage ist: wie bekommen wir Zugang zur Wahren, Unendlichen Macht, um frei mit ihr zu „leuchten“?

So einfach es auch klingt, scheint es doch zuweilen sehr schwer. Die ganze Idee, wir seien angefüllt von der Wahren, Unendlichen Macht scheint zu abstrakt, zu unerreichbar, zu schön um wahr zu sein. Und das ist natürlich auch der Grund, warum wir sie mit den „Papiertüten“ überstülpt haben.

Wenn wir aber erkannt haben, dass wir alle wichtig, speziell und wertvoll sind und das nur, weil wir existieren, brauchen wir keine „Papiertüten“ um uns besser und sicherer zu fühlen.

Nur weil wir existieren, sind wir ein besonderes Geschenk für alle und alles. Aber wenn wir uns unter den „Papiertüten“ verstecken, können wir nicht voll „leuchten“ und die Wahre, Unendliche Macht in uns spüren, also glauben wir begrenzt, unbedeutend und klein zu sein.

Sind wir jedoch bereit eine andere Wahl zu treffen, finden wir immer, was wir brauchen: das Werkzeug, die Umstände, die richtigen Leute auf unserem Weg. Sogar zur richtigen Zeit.

Wenn wir die Wahre, Unendliche Macht frei durch uns hindurchfließen und sie durch uns zum Ausdruck kommen lassen, eröffnen sich uns endlose Quellen von Möglichkeiten, wer und wie wir sein können.

***

Die 7 Mächte, die in diesem Band im einzelnen beschrieben werden, sind

Aspekte der Wahren, Unendlichen Macht.

Sie können im Außen als die Energien beobachtet werden, die die Welt, in der wir leben, erschaffen haben und innerlich als Evolutionsprozess, den wir durchlaufen. Sie beeinflussen uns und unsere Erfahrungen zu jeder Zeit, ob wir sie nun wahrnehmen oder nicht.

Um uns weiter als das Bewusstsein, das wir sind, zu entwickeln und zu existieren, müssen wir uns einschwingen auf die Energien der 7 Mächte.

Dieser Band soll dir helfen, dein eigenes unendliches Potential zu verstehen, dir die Wirkungsweise der 7 Mächte erklären und dir aufzeigen, wie du dieses Wissen zu deinem Wohl und Wachstum benutzen kannst.

Du bist wahrhaft über alle Maßen mächtig. Du kannst wirklich das Leben führen, das du dir wünschst. Ohne Begrenzung, aber in voller Freiheit das zu erfahren, was du willst, genauso, wie du es willst.

Du bist hier, damit du deine Grenzenlosigkeit erfährst. Du bist hier um der zu sein, der du sein sollst.

Du bist hier.

Kapitel 1

Erfahrungen Jenseits Der Sinne

Dein Leben ist kein Unfall oder gar ein Fehler

Dein Leben hat einen Sinn

Da sind wir nun. Wir denken, fühlen, sehen, riechen, schmecken, empfinden, atmen und... was tun wir sonst noch?

Wir wissen.

Wir wissen entweder in Relation zu den oben genannten Tätigkeiten oder wir wissen, weil wir etwas von diesem Wissen mit unseren Genen geerbt haben. Unsere Vorfahren lernten Dinge, die wir nicht mehr lernen müssen. Wir wissen diese Dinge bereits aufgrund der Evolution, wie wir es nennen.

„Das Gehirn wurde so weit entwickelt, um in der physischen Welt zu existieren und zu überleben. Deshalb benutzt es‚ sensorische Logik', nämlich um wahrzunehmen, zu verstehen und vernünftig zu urteilen".

– *Aus „Der Meister und die Grünäugige Hoffnung"*

Während wir uns entwickeln, wächst unser Wissen und gleichzeitig finden wir mehr und mehr Wege uns selbst zu erfahren.

Früher dachte man, die menschliche Evolution sei ein Mittel, um den Planeten zu bevölkern und sicher zu stellen, dass wir als menschliche Rasse überleben.

Heute wird die Evolution mehr und mehr als Erweiterung des Bewusstseins angesehen, als eine Möglichkeit, uns selbst auf verschiedenen, weiter fortgeschrittenen Ebenen als unsere fünf Sinne zu erfahren.

Das ist keineswegs ein neues Konzept. Durch die Jahrhunderte gab es einzelne Menschen oder manchmal sogar ganze Gesellschaftsgruppen, deren Hauptaugenmerk solchen Fortschritten galt.

Diese einzelnen Menschen oder Gruppen wurden oft als „ihrer Zeit voraus" oder „hoch entwickelt" beschrieben. Bis heute entdecken Forscher und Archäologen Artefakte, Strukturen, Werkzeuge oder schriftliche Mitteilungen, die von hoch entwickelten Köpfen künden, die diese Dinge hervorgebracht haben, obwohl der größte Teil ihres Erbes ausgelöscht ist oder uns verborgen bleibt.

Was geschah mit ihnen? Und warum sind wir, wo wir sind, anstatt viel weiter fortgeschritten in unserem Wissen, der Technik und dem sozialen Bewusstseins zu sein?

Wir können es aus der Perspektive der Geschichte betrachten und uns vorstellen, dass es Menschen oder Institutionen gab, die uns um ihres eigenen Vorteils Willen niederhielten. Es gab sicher einige, die die Benachteiligten, Unterdrückten, Versklavten, die um den Fortschritt Gebrachten übervorteilten und ihnen Denkweisen aufzwangen, die nur wenigen nützlich waren.

Oder wir betrachten es aus der Sicht, dass alles, was wir erfahren, tatsächlich unserem Fortschritt dient, weil alles, was wir für unser Wissen benötigen, schon vorhanden ist und dass wir ohne die Erfahrung nicht die gleichen wären. Überdies ist keine Eile nötig, weil wir sowieso dort ankommen werden, wo es uns bestimmt ist und das wird in der uns angemessenen Zeit geschehen.

Ob wir es nun bemerken oder nicht, wir fahren fort uns zu entwickeln – zum Zwecke der ständigen Erweiterung dessen, was wir wirklich sind: Bewusstsein.

„Jedes eingrenzende Konzept, oder eins, was auf Altern beruht, basiert auf der Sinneslogik und nicht auf der spirituellen Logik. Man kann in jeder Lebenslage, in jedem Alter, sogar wenn man behindert ist, seine Träume verfolgen. Nichts kann einen Menschen daran hindern, das zu sein, was er will und oder wer er sein will, es sei denn, es ist der Weg, den er sich ausgesucht hat."

– Aus „Der Meister und die Grünäugige Hoffnung"

Wenn wir uns unserer Entwicklung durch Erfahrung nicht bewusst sind, überwältigen uns zuweilen die Veränderungen in unserem Leben.

Wir sehen uns Herausforderungen gegenüber, die wir nicht verstehen und die zahllose Hindernisse und Probleme nach sich ziehen. Wir vermissen es glücklich zu sein, was sich in Stress äußert, wir werden krank, abhängig, einsam (mit oder ohne eine Beziehung) alles fühlt sich sinnlos an, wir sind unzufrieden mit unserem Leben, mit uns selbst und anderen.

Das muss nicht so sein. Unser Leben ist kein Unfall oder Fehler. Wir sind hier, um all das sein zu können was möglich ist. Dazu müssen wir nur den nächsten Schritt in unserer Entwicklung tun – das Leben leben, das für uns bestimmt ist: glücklich, sinnvoll und erfüllt.

Es gibt 7 Mächte, 7 Aspekte in unserer Existenz, die unsere Evolution beeinflussen.

Die 7 Mächte erhalten die Existenz des Bewusstseins aufrecht und ermöglichen es gleichzeitig, sich selbst zu erfahren. Sie erschaffen und „regieren" die materielle und die spirituelle Welt, in der das Bewusstsein seine Entwicklung erfährt.

Die 7 Mächte können von außen als Energien wahrgenommen werden, die die Welt erschaffen, in der wir leben und als inneren Prozess, den wir während unserer Entwicklung durchlaufen.

Mit Hilfe diese Buches wirst du erfahren, wie du dich auf diese Mächte einschwingen kannst, sodass du imstande bist, dich zu deinem vollen Potential zu entwickeln und das Leben zu leben, das dir bestimmt ist – glücklich und frei.

Wenn wir unsere Entwicklung erkennen und im Gleichklang mit den 7 Mächten sind, wird unser Leben ein unglaubliches Abenteuer, das angefüllt ist mit Wahrer Macht, Erfolg, Glück, Fülle, Gesundheit und Freiheit von allen Begrenzungen.

Unser Leben kann das beste werden, was wir je erlebt haben. Unser Leben kann wunderschön sein.

Denk einmal darüber nach! Ich meine, mach dir wirklich einmal Gedanken darüber...

Was wünschst du dir am allermeisten?

Ein wunderschönes Leben. Ein glückliches Leben. Das ist es, was du möchtest. Die Details unterscheiden sich von Person zu Person. Manche von uns möchten Frieden und Freude. Andere wollen Gesundheit, Geld oder Ruhm oder Macht oder Erfolg oder jemandem, der einen liebt. Von all dem glauben wir, dass es unser Leben wunderschön macht.

Wir halten uns eigentlich nicht mit den Einzelheiten auf. Was wir uns wahrhaft wünschen, ist, dass unser Leben glücklich ist. Oder genauer gesagt: wir wollen glücklich sein.

Kennst du das Gefühl, dein Leben führe nirgendwo hin? Hast du jemals deine Grenzen gespürt, warst enttäuscht von dem, was dir zur Verfügung stand und wusstest nicht, wie du dich aus dem Gefühl und den Umständen befreien solltest?

Wenn du zustimmst, bist du nicht allein.

Viele haben sich nie wirklich lebendig gefühlt. Und für viele ist das Leben entweder hart oder enttäuschend oder läuft einfach automatisch ab.

„'Ich möchte eine befreite Seele sein, die eine bewusste Auswahl trifft, und die im Einklang mit ihren Zielen ein bewusstes Leben führt“, sagte ich.
'Diese bewusste Wahl', erklärte er, 'kannst du nur treffen, wenn du Zugang zu der spirituellen Welt hast und die physische Welt von der Perspektive deiner Seele aus versteht.'“

– Aus „Der Meister und die Grünäugige Hoffnung“

Unser Geist arbeitet auf ganz bestimmte Art und Weise: wir denken so wie wir es gewöhnt sind. Das ist eigentlich nicht so schlecht, wenn es darum geht sich Dinge zu merken oder zu analysieren, die diese Art Logik, die sensorische, erforderlich machen. Wenn wir aber unser Bewusstsein erweitern und das Leben leben wollen, das wir uns wünschen, statt des unbefriedigenden, enttäuschenden Lebens, in dem wir feststecken, müssen wir unseren Geist trainieren, damit er imstande ist, spirituelle Logik zu benutzen statt der sensorischen.

„Hör auf deine Wahl mit deinem Geist zu kontrollieren. Dein Geist ist noch nicht genügend in spiritueller Logik trainiert. Trau der Wahl, die deine Seele bereits getroffen hat, dann wirst du anfangen bewusst zu wählen, anstatt hin und her zu schwanken, unsicher welches Ziel das richtige ist.“

– Aus „Der Meister und die Grünäugige Hoffnung“

Um dir dabei zu helfen, die Kapazität deines Geistes zu erweitern, lass uns die folgende Innere Reise antreten. Sie wirkt anders auf deinen Geist als allgemeine geführte Meditationen und ähnliches.

Du wirst aufgefordert, zwischen dem Lesen (sensorische Wahrnehmung) und der inneren Erfahrung (spirituelle Wahrnehmung) hin- und her zu wechseln. Es ist eine hervorragende Möglichkeit, „schlafende“ Regionen des Gehirns zu aktivieren, die Intuition zu schärfen und dein „drittes Auge“ zu verwenden (mehr darüber später).

Während der folgenden inneren Reise wirst du geführt, um das Glücksgefühl in seiner reinsten Fron zu erfahren. Nicht das Gefühl von Aufregung, Befriedigung oder Freude. Das sind einfach nur Emotionen, die du in besonderen Momenten wahrnimmst.

Erlaube dir das Glücksgefühl zu erkunden, das ist, weil es ist. Ohne Bedingungen. Nur vorhanden als Ergebnis deiner Erfahrung mit dir selbst als Bewusstsein, das du bist.

Du machst diese Reise in zwei Teilen. Der erste Teil dient dazu, dich an eine neue Art von Wahrnehmung zu gewöhnen. Im zweiten Teil wirst du versuchen das Gefühl reinen Glücks zu erreichen. Diesen Teil erfährst du am Ende dieses Kapitels.

INNERE REISE

ERFAHRUNG JENSEITS DER SINNE
TEIL 1:
Dein „dritte Auge“ erkunden

Setz dich bequem hin, sodass dein Körper sich ohne irgend eine Belastung völlig entspannen kann.

Nun hole ein paarmal tief Atem, bevor es weitergeht. Nimm dir so viel Zeit wie du brauchst, um das Folgende zu lesen. Keine Eile. Du wirst dort ankommen, wohin du in der dir angemessenen Zeit gelangen sollst.

Erfahrung hat nichts mit Eile zu tun. Erfahrung bedeutet erfahren.

Fahre fort langsam und friedlich zu atmen.

Schritt 1:

Gleich werde ich dich auffordern die Augen zu schließen und sie dann wieder öffnen um weiterzulesen. Nachdem du dir das Folgende vorgestellt hast:

Du befindest am Grunde deines „dritten Auges". Für die, die nicht wissen, um was es sich bei dem „dritten Auge" handelt: konzentriere dich auf den Punkt zwischen und leicht oberhalb deiner Augenbrauen. Dort befindet sich ein Energiezentrum (mehr über Energiezentren später). Das nennen wir das „dritte Auge".

Auf eine unerklärliche, sichere und angenehme Art und Weise bist du auf dem Grund deines dritten Auges. Lass uns nicht darüber nachdenken, ob das möglich ist. Darum geht es hier nicht, Vertrau einfach auf den Verlauf der Dinge.

Anmerkung: Wenn du zu den Menschen gehörst, die Schwierigkeiten haben, sich etwas bildlich vorzustellen, versuche zu erfühlen, was du dir vorstellen sollst.

Öffne deine Augen wieder und kehre zum Lesen des Textes zurück.

NUN schließe deine Augen.

***

Gut. Du hast deine Augen geöffnet. Atme weiter langsam und tief. Nun machst du folgendes.

Schritt 2:

Gleich wirst du deine Augen schließen, dir folgendes vorstellen und danach deine Augen wieder öffnen und weiterlesen.

A: Du bist immer noch auf dem Grund deines „dritten Auges“ und bunte Wolken von Energie, die um dich herumwirbeln, umgeben dich.

B: Blicke mit geschlossenen Augen, soweit du kannst, nach links (tu es wirklich!)

C: Stell dir vor, du siehst dort auf der linken Seite einen Tunnel. Betritt ohne zu zögern den Tunnel. Seine Wände bestehen aus dunkelblauer Energie, die aussehen wie wirbelnde, dunkelblaue Wolken.

D: Geh weiter vorwärts, bis du das Ende des Tunnels siehst. Bleib dort stehen, öffne deine Augen und lies weiter.

Lies noch einmal das oben Beschriebene, wenn du magst und du dir den ersten Schritt noch einmal in Erinnerung rufen möchtest. Du kannst das, sooft du willst, wiederholen. Es besteht keine Eile.

Du wirst nicht danach beurteilt, wie schnell du die einzelnen Schritte tust.

Wenn du bereit bist, schließ JETZT wieder die Augen.

***

Gut. Du hast Deine Augen wieder geöffnet. Wenn es bei dir bis dahin geklappt hat, fahre mit dieser Inneren Reise fort. Wenn nicht, versuch es entweder noch einmal oder überspringe den Teil vorerst. Du kannst bis zum Schritt 3 und 4 lesen, aber nicht weiter. Leg das Buch zur Seite und nimm es später, am nächsten Tag oder wenn du dich bereit fühlst, wieder zur Hand.

Es ist wichtig diese Innere Reise zu vollenden, bevor du weiterliest.

Es ist wichtig, dass du neue Wahrnehmungsweisen erfährst, dich darin übst und sie ausprobierst, anstatt das Wissen über den Kopf zu erfassen.

Nimm dir Zeit, soviel du willst.

Du schreitest in deinem eigenen Tempo fort. Dieses Tempo ist richtig für dich.

Atme ruhig und friedlich weiter. Vergiss nicht in bequemer Stellung zu bleiben.

Schritt 3:

Wenn du bereit bist, schließe wieder die Augen und stell dir das Folgende vor:

A: Du verlässt den blauen Tunnel. Es ist ein sehr angenehmes Gefühl, als würdest du voller Zärtlichkeit liebkost.

B: Nun stell dir vor, du bist außerhalb des Tunnels.

C: Du bist jetzt in einer weit entfernten „Ecke" des Universums angekommen und um dich herum sind lauter farbige, formlose Wolken von Energie.

Wenn du bereit bist, schließe NUN die Augen.

***

Gut. Du hast deine Augen wieder geöffnet. Lass uns fortfahren.

Atme weiter langsam und tief.

Du hast es bequem. Alles ist gut.

Schritt 4:

A: Schließe die Augen und stell dir vor, du entwickeltest jetzt eine besondere Sichtweise, die dir erlaubt, jenseits der bunten Wolken viele Orte zur gleichen Zeit zu sehen.

B: Richte deine Augäpfel nach links und berühre mit dem linken Zeigefinger die Stelle über der Mitte der Augenbrauen, wo auf der Stirn sich dein „drittes Auge" befindet (tu es wirklich!)

C: Stell dir vor, dass diese Berührung einen kleinen Funken in deinem Herzen erzeugt.

D: Stell dir vor, dass dieser kleine Funke die Dinge um dich herum heller macht und du sehen kannst, was dir vorher nicht möglich war.

Wenn du bereit bist, schließ JETZT deine Augen.

***

Gut. Du hast die Augen geöffnet. Jetzt hast den ersten Teil deiner „Inneren Reise" vollendet.

Wie fühlst du dich? War es ein wenig verwirrend, als du immer vom Lesen zum inneren Erleben hin- und hergewechselt hast? War es ein wenig unangenehm? Vielleicht sogar schwierig? Versuchte dein Geist dein inneres Erleben zu kontrollieren und dafür eine Erklärung zu finden oder mit irgend etwas zu vergleichen, das du schon einmal erlebt oder wovon du gehört hast?

Unser Geist funktioniert so. Er sucht auf der Basis dessen, was er bereits weiß, nach Erklärungen und bedient sich für neue Situationen seiner alten Muster.

Andererseits folgt er, wenn wir einer sogenannten „geführten Meditation" mit geschlossenen Augen lauschen, passiv den Instruktionen, ohne dass er lernt, wirklich neue Wege zu beschreiten. Deshalb sind diese geführten Meditationen die beste Art, unser Unterbewusstsein zu entspannen und neu zu programmieren, erlauben jedoch unserem bewussten Geist nicht, neue Wege der Wahrnehmung zu erlernen.

Wir werden später zu dieser Inneren Reise zurückkehren, doch sprechen wir zunächst über das Bewusstsein.

Es ist noch nicht lange her, dass die Medizin das Bewusstsein mit unseren Sinnen in Zusammenhang sah. Es gibt sogar einen Ausdruck dafür, wenn jemand in Ohnmacht fällt: wir sagen, dass diese Person ohne Bewusstsein, bewusstlos ist.

Es gibt aber einen Unterschied zwischen dem Bewusstsein unserer Sinne und dem Bewusstsein, das wir sind – jenseits unserer Sinne, nicht begrenzt durch unseren Körper und mit dem Potential ewig zu existieren.

Sind wir wirklich ewig? Und wenn, was bedeutet das für uns, und wie würde das Wissen darum unser Leben beeinflussen?

Hätten wir dann noch die gleichen Prioritäten? Wie würden wir leben, wenn wir wüssten, dass unser Leben eine Illusion ist, das nicht wirklich existiert? Würden wir es immer noch genießen?

Ich würde sagen: Warum nicht? Illusion oder nicht, unser Leben macht Spaß, egal wie. Schließlich kennen wir uns doch durch die Erfahrungen unseres Lebens.

Dein Leben ist kostbar. Und du musst seinen wahren Wert verstehen, um es in vollen Zügen zu genießen.

Von all den unendlich vielen Möglichkeiten, wie du dich selbst als Bewusstsein, das du bist, erfahren kannst, hast du hier und jetzt zu sein gewählt, in diesem Leben. In diesem begrenzten Moment.

Da sich die Wissenschaft seit dem letzten Jahrhundert mit der Idee der Unendlichkeit beschäftigt hat, finden sich zahlreiche wissenschaftliche Artikel und Bücher zu dem Thema, ob Intelligenz schon vor der Materie existierte. Es gibt verschiedene Theorien über die Zusammensetzung des Universums, des Raums und der Zeit, des Bewusstseins und was nach dem Tod geschieht.

Die Idee der Unendlichkeit existierte jedoch im menschlichen Geist, noch bevor die moderne Wissenschaft begann, die Ursprünge des Universums und des Bewusstseins zu erforschen.

<u>Hier einiges, was die zahlreichen Glaubensrichtungen bereits seit tausenden von Jahren über die Unendlichkeit gesagt haben:</u>

- Einige Schulen der buddhistischen Philosophie sprechen sich für einen unendlich anhaltenden (vorwärts und rückwärts gerichteten) Zustand des Daseins aus, ohne dass ein Zentrum oder eine dauerhafte Einheit dahinter steckt.
- Die Hindu Kosmologie ist nicht dualistisch. Alles, was ist, ist Brahman. Brahman ist das ewige Jetzt, und in der Ewigkeit gibt es kein Vorher oder Hinterher, weil alles immer überall ist.
- Im Islam gibt es im Koran Hinweise, die Gott die Unendlichkeit

zuschreiben. So wie die größte Zahl nicht nachvollziehbar sein kann, kann Gott auf die gleiche Weise auch nicht in menschlichen Begriffen beschrieben oder in einem einfachen Wort zusammengefasst werden.

- Das Judentum glaubt an einen Gott, der ewig ist. Gott ist jenseits des Jenseits.
- Die christliche Religion glaubt an einen ewigen Gott. Interessanterweise gibt es in der Bibel eine Definition für die Ewigkeit. Bei Matthäus 5 Vers 17 und 18 steht: „Ich bin nicht gekommen, um abzuschaffen, sondern um zu erfüllen. Wahrlich, ich sage euch, bis Himmel und Erde vergehen, wird nicht der kleinste Buchstabe oder Strich vom Gesetz vergehen, bis alles vollendet ist. "

Während die Wissenschaft davon spricht, dass alles Teil eines großen Energiefelds ist, sagen viele Glaubensrichtungen, dass Gott alles ist, was es gibt und dass alles darin enthalten ist.

Unabhängig davon, ob es sich um eine Wissenschaft oder ein Glaubenssystem handelt, das am meisten mit unserer eigenen inneren Wahrheit in Einklang steht, bleiben einige Dinge gleich:

Wir sind alle Teil Eines Ganzen. Und wir sind alle miteinander verbunden.

Jeder von uns als „Funke" des Einen Ganzen (eines Bewusstseins) erlebt sich als Individuum, und ist gleichzeitig in der Lage, sich auf die Weisheit des Einen Ganzen einzustimmen.

Als Teil Eines Ganzen haben sowohl wir Zugang zu der kollektiven Weisheit als auch zu den Erfahrungen jedes einzelnen „Funkens".

Auf der Ebene des Bewusstseins jenseits der Sinne haben wir Zugang zu jeder kleinsten existierenden Information.

Es spielt keine Rolle, ob die Information aus dem stammt, was wir als Vergangenheit, Gegenwart oder Zukunft wahrnehmen.

Auf der Ebene des Einen Ganzen sind wir nicht an Zeit gebunden, weil da alles zeitlos ist.

Um auf die Informationen zugreifen zu können, die uns auf dieser Ebene zur Verfügung stehen, müssen wir natürlich unser individuelles Bewusstsein erweitern und lernen, wie wir auf dieses Wissen zugreifen können.

Können wir das?

Ja.

„Was geschieht, wenn mein Geist in der Lage ist in der spirituellen Welt zu arbeiten und die spirituelle Logik anzuwenden?', fragte ich.
'Dann funktioniert er hier genauso wie deine Seele', sagte er. 'Er kann wählen, indem er an Stelle der Sinneswahrnehmung die spirituelle Logik anwendet. Und so ist er fähig, für deine Seele eine Wahl zu treffen.'"

– Aus „Der Meister uns die grünäugige Hoffnung"

Es ist wichtig unser Bewusstsein zu erweitern, weil es der natürliche Schritt in unserer Entwicklung ist.

Unsere Existenz als Bewusstsein, das wir sind, hängt von unserem Fortschritt ab.

Und der Prozess unserer Entwicklung hängt davon ab, dass wir mit den 7 Mächten in Einklang sind, die uns zu jeder Zeit beeinflussen, ob wir uns dessen bewusst sind oder nicht.

So funktioniert das ganze Design:

Als das Eine Ganze, das wir sind, fahren wir fort uns zu entwickeln.

Als individueller „Funke“ des Einen Ganzen entscheiden wir uns fortwährend, ob wir uns weiterentwickeln wollen oder nicht.

Wir hatten immer diese Wahl. Und meistens haben wir uns weiterentwickelt. Lass dich nicht davon täuschen, was du in der Welt wahrnimmst: Leiden, Ungerechtigkeit, Egoismus, Grausamkeit und so fort.

Wir alle haben einen freien Willen, der entscheidet, ob wir unser Bewusstsein erweitern wollen oder nicht.

Jeder hat die Wahl, Teil der Entwicklung zu sein oder nicht.

Wir hatten immer die Wahl und wir können niemandem die Wahl absprechen. Wir können uns wünschen, er hätte eine andere Wahl getroffen, wir können aber niemandem unsere eigene Wahrheit aufzwingen.

Jeder von uns hat ein Recht auf seine eigenen Erfahrungen. Jeder von uns ist perfekt und wird geliebt, ganz gleich welche Wahl er trifft.

Bevor wir mit dem nächsten Kapitel beginnen, lasst uns die Innere Reise vollenden, die bei der Erweiterung der geistigen Leistungsfähigkeit hilft.

INNERE REISE

ERFAHRUNGEN JENSEITS DER SINNE
Teil 2

Setz dich bequem hin, sodass dein Körper angenehm ruhen kann. Hol ein paarmal tief und langsam Atem.

Step 1:

Setz dich bequem hin, sodass dein Körper angenehm ruhen kann. Hol ein paarmal teil und langsam Atem.

Schritt 1:

Gleich bitte ich dich die Augen zu schließen und den Anweisungen zu folgen.

A: Nachdem du die Augen geschlossen hast, blicke nach links, soweit du kannst und berühre gleichzeitig dein „drittes Auge“ mit dem linken Zeigefinger (tu es tatsächlich).

B: Wenn du dafür bereit bist, lass den Arm wieder sinken (tu es tatsächlich)

C: Stell dir vor, du segelst irgendwo durch den Weltraum zwischen bunten Wolken. Du hast nun eine neue Fähigkeit gewonnen: mit deiner speziellen Sichtweise bist du in der Lage, dich an jeden Ort jedes Planeten oder Sterns zu zoomen, egal wie weit entfernt er ist.

Nachdem du dir vorgestellt hast, diese neue Fähigkeit zu haben, tu nicht anderes. Öffne nur die Augen.

Wenn du bereit bist, schließ JETZT die Augen.

***

Gut. Du hast die Augen geöffnet. Wir fahren gleich fort.

Nimm dir eine Minute Zeit, tief und langsam zu atmen und erfreu dich an der neu gewonnenen Fähigkeit.

Dass du dich an dem Prozess erfreust, ist sehr wichtig für deinen Fortschritt.

Step 2:

Nachdem du das Folgende gelesen hast, schließ wieder die Augen.

A: Stell dir vor, du schaust auf den Planeten Erde und mit deiner speziellen Sichtweise fängst du an zu zoomen, bis du ein Kind auf den Stufen eines Hauses sitzen siehst.

B: Halte beide Bilder in deinem Geist fest und zoome erneut. Nun siehst du zwei Teenager auf ihren Fahrräder die Landstraße entlangfahren. Halte auch diese Bild fest und füg es zu den beiden anderen.

Streng dich nicht zu sehr an. Stell dir nur einfach das Vorangegangene vor (oder fühle es) und freu dich daran.

Wenn du das beendet hast, wirst du die Augen öffnen. Lies die Anweisungen für diesen Schritt noch einmal, wenn du möchtest.

Du bist nicht in Eile. Nimm dir Zeit.

Wenn du bereit bist, schließ JETZT die Augen.

***

Gut. Du hast die Augen geöffnet. Wie fühlt es sich an, so viel auf einmal zu erreichen?

Atme weiter friedlich. Wir sind noch nicht am Ende der Reise.

Halte einen Moment inne, bevor wir den nächsten Schritt tun.

Hervorragend. Lass uns fortfahren.

Schritt 3:

Du wirst die Augen schließen und das Folgende tun:

A: Wenn du die Augen geschlossen hast, berühre deine Stirn mit dem linken Zeigefinger (tu es wirklich).

B: Während du dein „drittes Auge" berührst, ruf dir den hellen Funken ins Gedächtnis, den du dir am Ende des ersten Teils in deinem Herzen vorgestellt hast. Stell dir nun vor, der kleine Funke würde viel strahlender.

C: Wenn du bereit bist, lass den Arm wieder sinken (tu es wirklich).

D: Stell dir jetzt vor, du könntest alles und jeden auf der Erde zur gleichen Zeit sehen. Es ist, als hättest du viele einzelne Bildschirme in deinem Kopf, die dir erlauben alles zur gleichen Zeit zu beobachten.

F: Atme tief durch, während du die vielen Bilder beobachtest. Stell dir den Funken in deinem Herzen vor, der strahlender und strahlender wird, bis er die Größe der Sonne erreicht hat. Versuche nicht an die Unmöglichkeit dieser Vorstellung zu denken. Tu es einfach.

C: Stell dir vor, du kannst nicht nur alles und jeden auf der Erde sehen, sondern es auch tief in deinem großen Herzen spüren, so als sei alles ein Teil von dir und du seist Teil vom allem.

Wenn du bereit bist, schließ JETZT die Augen.

***

Gut. Du hast die Augen wieder geöffnet.

Hol mehrmals tief Atem und erlaube dir, das neue Gefühl zu erkunden.

Dein unendliches Selbst ist niemals alleine und ist immer mit allen und allem verbunden.

Während der Inneren Reise hast du vielleicht gespürt, was wir das reine Glück nennen, ohne dass äußere Umstände dazu beigetragen hätten, dass du dich so gut fühlst.

Du hast innerlich erfahren, dass du mit allem anderen verbunden bist. Du hast innerlich die Freude erfahren, mit dem Einen Ganzen verbunden zu sein. Und wenn dein Geist versucht hat, dich von dieser Erfahrung abzuhalten, so warst du in der Lage diese Begrenzungen zu überschreiten.

Wenn wir uns mit dem Einen Ganzen verbinden, können wir das reine Glück erleben.

Anmerkung: Wenn du nicht sicher bist, ob du die Innere Reise so angetreten hast, wie du es wolltest, kannst du die einzelnen Schritte so oft wiederholen, bis du mit dem Resultat zufrieden bist.

Auch kannst du, wann immer du willst, die Augen schließen und dem Gefühl nachspüren, mit dem Einen Ganzen verbunden zu sein, so lange du magst.

Das Erleben unterscheidet sich von dem Erlernen über den Geist..

Ruhe heute aus in dem Gefühl, das du erfahren hast. Es lediglich intellektuell zu registrieren hat oft zu Folge, dass du es im Lärm deiner Gedanken aus den Augen verlierst.

Dein inneres Erlebnis hilft dir zu wachsen. Dein Fortschritt lässt dich in vielerlei Weise dich selbst erfahren.

Es gibt keine Begrenzungen für das Bewusstsein, das du bist, außer denen, die du dir selbst setzt.

Es gibt keine Begrenzungen dafür, wer oder wie du sein willst.

Dein Leben ist kein Unfall oder Fehler.

Dein Leben hat einen Sinn.

KAPITEL 2

DIE ERSTE MACHT KENNEN LERNEN: DAS UNIVERSALE GESETZ

Indem wir uns auf das Universale Gesetz einschwingen, sind wir in der Lage, unsere Gedanken zu benutzen, um die Dinge zu bewirken, die wir in Leben erfahren wollen.

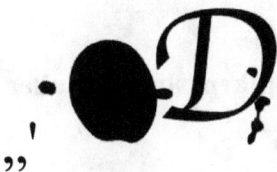

„Du sagtest, es gäbe Sieben Mächte, die die Welt kreieren.' Ich wollte hier und jetzt zur Sache kommen. 'Die Erste Macht ist das Gesetz.' Auch er verlor keine Zeit.

'Das Gesetz?', wiederholte ich. 'Welches Gesetz?'

'Das Universale Gesetz', sagte er.

'Sprichst du vom Gesetz des Karmas?', ich hielt enttäuscht inne. 'Was hast du denn noch zu bieten?'
'Ich spreche nicht vom Gesetz des Karmas. Ich spreche vom Universalen Gesetz oder dem Kosmischem Gesetz, wie es auch noch genannt wird,' antwortete er.
'Und das ist etwas anderes?'
'Ja, das ist es.'"

– Aus „Der Meister und die Grünäugige Hoffnung"

Alles, was wir um uns herum wahrnehmen können, existiert als Antwort auf unsere Gedanken. Alle Ereignisse und Umstände in unserem Leben ist die Folge unserem Gedanken.

Unsere Gedanken können erschaffen und vernichten. Sie können ein Akt der Liebe sein oder Waffen zur Zerstörung (und Selbstzerstörung). Unbewusst und ungezügelt sind sie wie „losgelassene Hurrikane".

Unsere Gedanken können Träume wahr werden lassen oder alles zerstören, was wir lieben.

Wenn wir die Erste Macht kennen lernen, werden wir uns nicht nur klar über die Macht unserer Gedanken, sondern wir können auch lernen, sie nutzbringend anzuwenden.

Jeder Gedanke ist eine Aktion und Gedanken sind die aller mächtigsten überhaupt.

Die zerstörerischsten Gedanken in unserem Leben sind die unbewussten, die aus unserem Unterbewusstsein kommen. Da das Unterbewusstsein für neunzig Prozent unsrer Handlungen, Antworten, Emotionen und Überzeugungen verantwortlich ist, neigen wir dazu, unser Denken auf Autopilot zu schalten.

Was aber geschieht, wenn unsere negativen, unbewussten Gedanken sich einmischen in das, was wir erreichen oder erfahren wollen im Leben?

Elend. Wir verbringen ein Leben, das wir nicht wollen, in Elend, voller Sorgen oder Hoffnungslosigkeit und Enttäuschung.

Genug der schlechten Nachrichten? Schauen wir mal, was die guten Nachrichten sind.

Jede der 7 Mächte, die die Welt erschaffen und regieren, ist einzigartig und gleichzeitig hat jede eine spezielle Rolle in der Schöpfung. Sie müssen alle zusammenarbeiten, damit die Schöpfung stattfinden kann.

Die Erste Macht, das Universale Gesetz, lässt uns unsere Realität beeinflussen.

(Anmerkung: In diesem Band konzentrieren wir uns auf die Wirkungsweise der 7 Mächte in der materiellen Welt, nicht der spirituellen. Wir sprechen also von der Universalen Macht der Materie.)

Indem wir uns auf die Erste Macht einschwingen, können wir unser Leben bewusst beeinflussen.

Wenn wir das universelle Gesetz verstehen und uns darauf einstellen, können wir uns aus dem Teufelskreis befreien, in dem wir unser persönliches und globales Schattenland erschaffen und mit erschaffen.

Ja. Genug ist genug. Wir alle, die wir auf der Erde leben, haben genug davon, ein unglückliches Leben zu führen, unserer Kräfte beraubt zu sein und enttäuscht von uns und unseren Lebensumständen.

Es liegt nicht an irgendwelchen externen Kräften zu entscheiden, welches Leben wir führen. Es liegt in unseren Händen, und es ist Zeit zu verlangen, was uns gehört: das Leben, das wir uns wünschen, die

Realität, die wir wollen und die Freiheit und das Glück, das wir anstreben.

„Dass uns das Gesetz oder besser das Universale Gesetz, wie wir die Erste Macht nennen, genauer betrachten.'
'Das gleiche Gesetz, das wir für den Geist haben, richtig?', fragte ich.
'Nicht genau das gleiche', sagte er. 'Es gibt auch ein Gesetz, das die spirituelle Welt erschafft, aber das ist komplizierter. Es ist schwieriger, den Geist zu beherrschen.'
'Gut. Dann lass uns die Materie beherrschen!', rief ich begeistert aus."

– Aus „Der Meister und die Grünäugige Hoffnung"

WIE WIR UNSERE MATERIELLE REALITÄT GESTALTEN UND MIT GESTALTEN:

Wusstest du, dass die Wissenschaft das, was die Mystiker die und Philosophen schon seit Tausenden von Jahren gesagt haben, bestätigt?

Die Physik, wie wir sie kennen, basiert auf der Quantentheorie, die wiederum die Basis ist für ein Drittel unserer Ökonomie und ihrer Produkte. Die Väter der Quantenmechanik, Nils Bohr und Werner Heisenberg, bekamen 1965 den Nobelpreis für ihre Arbeit. Quantenmechanik wurde zur genauesten, physikalischen Theorie und sie erklärt nicht nur, warum die Sonne und die Sterne strahlen oder wieso Gegenstände hart zu sein scheinen, sondern auch alles von den Computerchips, Transistoren und Laserstrahlen bis hin zur Atombombe.

Die zwei grundlegenden Prinzipien der Quantentheorie sind:

1. Realität – ist das Produkt des Beobachters.
2. Verbundenheit – alle Dinge die jemals interagiert haben, sind für immer miteinander verbunden, „verwickelt".

Was heißt das?

Es bedeutet, dass die Quantentheorie mit dem übereinstimmt, was die alten Meister gesagt haben: die materielle/physische Welt, die wir mit unseren Sinnen wahrnehmen, existiert nicht.

Unsere materielle Welt ist eine Illusion. Was wir, der sogenannte Beobachter, sehen, gibt es nur in unserem Hirn oder genauer in unserem Geist, der die Wahrnehmungen unserer Sinne zusammenfasst und uns die Illusion einer Realität vorgaukelt.

Die „Verbundenheit" bedeutet, dass wir alle unsere Welt nicht nur für uns selbst sondern für alle, mit denen wir verbunden sind, erschaffen und mit erschaffen. Also die gesamte Natur, das Universum, die Menschen auf dem Planeten – weil wir mit all dem auf dem Energielevel auf die eine oder andere Weise verbunden sind.

Also noch einmal: Die Wissenschaft stimmt mit dem überein, was die spirituellen Meister schon vor Jahrtausenden gelehrt haben: Wir sind alle Eins.

Zwei Physiker, Peter Higgs und Francois Englert, sprachen schon 1964 von den Energiefeldern, die alles, was durch sie hindurchgeht, in Masse verwandelt: vom Planeten und Sternen bis hin zu Zellen menschlicher Körper.

Mit anderen Worten: alles, was existiert, ist Energie. Das schließt alles materielle, mit unseren Sinnen messbare ein UND alles, was wir nur anderweitig wahrnehmen können wie Gedanken, Emotionen oder Elektronen (niemand hat je ein Elektron gesehen, oder gewogen).

Wir sind alle Teil eines großen Energiefelds, das uns erschaffen lässt, was wir für unsere Realität halten.

Alles, was existiert, ist Energie und manifestiert sich in Form von Wellen und Vibrationen. Das heißt, dass alles im allerkleinsten Maßstab vibriert.

Stell dir beispielsweise Radiowellen vor: die Frequenz ihrer Vibrationen entscheidet über ihre Qualität und Reichweite.

Nun stell dir unsere Gedanken vor, die sich wie Radiowellen verhalten. Ebenso wie die Radiowellen werden unsere Gedanken ausgesandt, um zu erreichen, was immer sie erreichen können. Und das wiederum hängt von der Frequenz ihrer Vibrationen ab.

So beeinflusst unser Denken die Realität (oder präziser – die Illusion der Realität), die wir erschaffen und mit erschaffen, ob wir uns dieser Tatsache bewusst sind oder nicht.

Bald ist es soweit, dass die Technik uns mit allem versorgt, was wir brauchen: 3D-Drucker gibt es schon, Labore produzieren echtes Leder, das führt dazu, dass sie echtes Essen herstellen, Autos Häuser, und so weiter. Geld wird verschwinden, weil es nicht mehr gebraucht, nicht mehr gewünscht wird. Was wird die nächste Währung sein, wenn das Geld verschwunden ist?

Was geschieht, wenn jeder alles haben kann, was er will, zu jeder Zeit?

Der technologische Fortschritt hat jeden anderen Fortschritt auf unserem Planeten überholt: der Schritt von „ich will ganz viel Geld“ hin zu „lasst uns gemeinsam glücklich sein“ wird nicht getan.

Die nächste Stufe menschlicher Entwicklung ist bereits in Sicht. Die nächste Währung wird immer offensichtlicher: Macht. In Wirklichkeit ging es immer nur um Macht, und Geld war das Mittel zum Zweck.

Was bedeutet es für die meisten Menschen Macht zu haben? Es bedeutet, dass sie über das Schicksal und das Leben ihrer Mitmenschen entscheiden können. Und über das Schicksal dieses Planeten. Erinnere dich an die verschiedenen Arten von Scheinmacht, die im Kapitel „Was ist Macht und was ist sie nicht?“ beschrieben wurden. Bisher konnte man solche Macht erlangen, indem man das Überleben der Menschen bedrohte, ihnen finanzielle Belohnungen gab, sie bestach oder tötete. Mit dem Verschwinden des Geldes existiert auch diese Möglichkeit nicht mehr.

Die Papiermacht muss durch Wahre Macht ersetzt werden, und die Menschheit wird lernen müssen, was Wahre Macht tatsächlich bedeutet.

Erinnere dich: Vermögen kommen und gehen, Weltreiche brechen über Nacht zusammen. Das einzige, was die Chance hat ewig zu bleiben und zu wachsen, ist gemäß sowohl der wissenschaftlichen Welt als auch laut vieler Glaubensrichtungen, die auf unserem Planeten existieren, das Bewusstsein, das wir sind.

Das einzig Reale in all der Illusion, die wir erschaffen haben und in der wir leben, ist, dass WIR SIND.

Wir sind lebendig, wir sind uns unserer Existenz bewusst und wir haben die Möglichkeit, unser Leben so zu gestalten, wie wir wollen. Es liegt an uns, es zu genießen.

Wir haben die Macht über unsere Gedanken. Wir können lernen sie bewusst und präzise zu benutzen, um unser Leben zu beeinflussen und die Realität mitzugestalten, die wir haben wollen.

Bisher gab es viele falsche Konzeptionen darüber, wie wir unsere Gedanken und Wünsche in der materiellen Welt „manifestieren" sollten. Es wurden verschiedene Techniken der Geisteskraft erprobt, um Wünsche zu erfüllen, die alle mehr oder weniger mit einer Enttäuschung endeten. Selbst wenn sich Wünsche erfüllten; entweder waren die Ergebnisse völlig unerwartet oder der Erfolg war sehr kurzlebig.

Die gleichen Resultate können in Fällen beobachtet werden, wo Magie jeglicher Art im Spiel ist. Gewisse Magier mögen mehr über die Möglichkeiten wissen, wie sie Dinge in der physischen Welt zu beherrschen imstande sind oder sie haben sogar gelernt, mit ihren Gedanken in die spirituelle Welt einzudringen. Ihre materiellen „Manifestationen" jedoch oder ihr Einfluss auf das, was in der spirituellen Welt geschieht, ist entweder von kurzer Dauer oder ihre Bemühungen schlagen fehl und oder richten auf die eine oder andere Weise Schaden an.

Das liegt an ihrem bruchstückhaften Wissen um das Rad der Schöpfung: sie verstehen nur Teile des Universalen Gesetzes und sie können nur Teile davon anwenden. Sie haben begrenztes Wissen über die Mächte, die die Welt erschaffen.

Wahre und dauerhafte „Manifestationen" in der materiellen Welt unterliegen IMMER den 7 Mächten.

Ohne Ausnahme. So ist das Design gestaltet.

Die Erste Macht, das Universale Gesetz beeinflusst auf direkte Weise unsere Gedanken und unser Unterbewusstsein.

Egal wie heftig du versuchst, deine Wünsche in der materiellen Realität mit deinen Gedanken zu „manifestieren" – wenn du nicht mit dem Universalen Gesetz in Einklang bist, werden deine Ergebnisse nicht von Dauer sein.

In diesem Band wirst du erfahren, was du brauchst, um dein Leben im Einklang mit den 7 Mächten zu verbringen. Dieses Wissen wurde uns vor 9000 Jahren übergeben. Seitdem wurde es von einigen verändert und gebrochen, die die Vorteile nur für sich alleine haben wollten.

Vielleicht erkennst du im weiteren Verlauf sogar einige Teile der Meisterlehren, die in verschiedenen philosophischen oder religiösen Überzeugungen in bestimmten Formen oder Mythen „durchgesickert" sind. Die Meisterlehren DER HOFFNUNG sind jedoch präzise und vollständig.

„Die Gesetze sind für alle die gleichen, wer wir auch sind – dachte ich. Wir wählen bei jeder Entscheidung, wer wir sein wollen. Wir mögen uns dafür entscheiden, Freund, Mörder, Retter oder einfach irgendein vorbeigehender Fremder zu sein. Aber es gibt keine neutralen Rollen, die wir im Leben spielen können. Egal was wir tun oder denken, es unterliegt immer dem Gesetz.
'Und', fügte ich laut und lächelnd hinzu, 'das Universale Gesetz zu brechen und seine eigenen Regeln aufzustellen ist nicht empfehlenswert für jemanden, der noch nicht genau weiß, wie er die Welt am besten verändert.'"

– Aus „Der Meister und die Grünäugige Hoffnung"

Es spielt keine Rolle, was wir in irgendeiner Situation wählen, denken oder tun, das Ergebnis unserer Aktionen ist leicht vorherzusagen.

Sowohl unsere Taten als auch unsere Gedanken sind Aktionen, die unsere Erfahrungen in der physischen Welt beeinflussen.

Das liegt an dem Mechanismus der Ersten Macht, dem Universalen Gesetz.

Es zeigt genau, welche Ergebnisse wir erzielen können, wie sie uns beeinflussen und welche Art von Leben wir führen.

Indem wir mit dem Universalen Gesetz in Einklang sind, können wir präzise unsere Erfahrungen gestalten.

Das Universale Gesetz besteht aus

8 UNIVERSALEN, KONSTITUIERENDEN GESETZEN. SIE SIND:

Das Gesetz von Ursache und Wirkung
Das Gesetz von Entstehen, Wachsen und Vergehen
Das Gesetz von Rückgang und Ausweitung
Das Gesetz der Erscheinungen
Das Gesetz der Kettenreaktion
Das Gesetz der Rückkehr zum Selbst
Das Gesetz der Matrix und des Volumens
Das Gesetz der Unendlichkeit

Wenn du erst die Auswirkungen deiner Aktionen (Gedanken und Taten) gemäß der 8 Universalen Konstituierenden Gesetze verstehst, wird alles einfach und logisch. Dein Leben bessert sich und du kannst es auf jede Weise verändern, die dir einfällt, für dich und für andere.

Ist es möglich, dass das so einfach ist?

Ja, so ist es. Aber die Veränderung der Realität nach deinen Wünschen funktioniert nicht wie vorher schon erwähnt, da dein Unterbewusstsein, welches etwa neunzig Prozent deiner Gewohnheiten, deines Glaubens, deiner automatischen Reaktionen, Emotionen und mechanischen Verteidigungsstrategien bestimmt, dir in die Quere kommt. Deshalb ist es so wichtig, dich mit den unbewussten, negativen Programmierungen zu beschäftigen, während du lernst, deine Gedanken zu benutzen, um das Leben zu erschaffen, das du dir wünschst.

Mach dir keine Sorgen. Es ist nicht so schwierig, wie du denkst. Das Design, dessen Teil wir alle sind, ist logisch und klar. Es hilft unserer Evolution. Deshalb arbeitet es mit uns, nicht gegen uns.

Es ist nur so, dass unsere unterbewussten Ängste unsere Fähigkeit einschränken, unsere spirituelle Logik zu nutzen. Aber denk daran, dass dein Verstand auf ähnliche Weise funktionieren kann wie deine Seele, wenn wir unser Denken „neu verdrahten" und unsere alten Programmierungen abschütteln.

„Er erklärte mir, dass das Unterbewusstsein eine Art Energiewelle sei, genauso wie die Kosmische Energie, die durch die eigenen Chakren ein- und ausströmt. Und Schatten würden da entstehen, wo das Unterbewusstsein mit dem beschädigten Chakra zusammentrifft.
Ich stellte weiter Fragen und so nahm mich der Meister auf einen kleinen Trip in die Tiefen des dunklen Weltraums mit, wo ich in der Lage war, mein eigenes Chakrensystem bei der Arbeit zu beobachten. Wie zwei flauschige Wolken schwebten wir dahin, während wir mehrere schimmernde 'Whirlpools' beobachteten, die miteinander durch eine Art spiralförmig leuchtender Schnur verbunden zu sein schienen. Ganz wie Weihnachtsbeleuchtung – dachte ich. Sie sind Teile eines zusammengehörenden Systems.

Sie zu beobachten war ein merkwürdiges Gefühl. Ich war mein eigener Beobachter und Objekt der Beobachtung zur gleichen Zeit. Mir gefiel die Art, wie die 'Whirlpools', das heißt die Chakren sich drehten und schimmerten und ich entdeckte, dass sie zwei primäre Funktionen hatten: Eine Funktion bestand darin, sich zu drehen und Vibrationen zu erzeugen, die ausgesandt werden sollten. Die andere Funktion bestand darin, wie weit geöffnete Tore zu sein, durch die alle Arten von Energie aus dem Universum und anderen Menschen einflossen.

Die 7 Chakren

'Die Chakren sind also wie 'Energie-Generatoren' für unsere eigenen Vibrationen und 'Energie-Empfänger' für andere Schwingungen,' sagte ich erstaunt.
'Warum sehen sie so aus?'
'Um ein konstantes Ein- und Ausfließen von Energiewellen vom Bewusstsein oder dem Unterbewusstsein, von den eigenen und denen anderer und den sieben Aspekten der Unendlichen Macht zu gewährleisten,' sagte der Meister.
'Die Sieben Mächte, die die Welt erschaffen!', rief ich aus.

'Sie sind die sieben Aspekte der Unendlichen Macht und sie stehen uns durch die offenen Tore zur Verfügung, die extra so entworfen sind, damit wir sie empfangen können. Die sieben Chakren! Oh Vater, was für ein wunderschönes Design!'

Rhami-yata lächelte. 'Ich bin froh, dass du das verstehst, Hermenethre. Es ist wirklich ein wunderschöner Entwurf. Das stete Ein- und Ausströmen durch die Chakren kreiert deine Erfahrungen, dein physisches Leben, deine Verbindung mit anderen und den Sinn deiner Existenz.'

'Wie geschieht das?', wollte ich fragen. Aber dann sah ich es. Eine höchst vibrierende Energiewelle strömte gerade in mein viertes Chakra. Das Strahlen des sich drehenden Chakras wurde sofort heller und ich spürte eine sofortige friedliche Freude in meinem Herzen.

Da verstand ich, wie alles funktionierte. Die Schwingungen der Energien, die ständig meine Chakren durchströmten, beeinflussten die Schwingungen meines Verstandes, Körpers, meiner Emotionen und meines Egos. Darauf würden meine Sinne diese Schwingungen in physische, emotionale, oder intellektuelle Erfahrungen für sie umsetzen. Wegen der Chakren also konnte ich mich als physisch existent erfahren."

– Aus „Der Meister und die Grünäugige Hoffnung"

Bevor wir fortfahren, möchte ich, dass du folgendes ausprobierst:

INNERE REISE

ENTDECKE DEIN „HERZCHAKRA"

(das vierte Chakra: einige sagen es befinde sich da, wo dein Herz ist)

Nimm eine bequeme Position ein und atme mehrmals tief durch. Langsam! Es besteht keine Eile. Gleich werde ich dich bitten die Augen zu schließen und sie wieder zu öffnen, um weiterzulesen und nachdem du dir folgendes vorgestellt hast:

A: Du bist am Grund deines „dritten Auges". Du bist inmitten von bunten Energiewolken, die sich dauernd bewegen und dich umwirbeln.

B: Du blickst mit geschlossenen Augen so weit nach links, wie es dir möglich ist (tu es wirklich) und stell dir einen Tunnel vor.

C: Betritt diesen Tunnel, ohne zu zögern. Seine Wände bestehen aus dunkler, blauer Energie, die wie wirbelnde, dunkelblaue Wolken aussehen.

D: Du verlässt den blauen Tunnel. Du hast ein angenehmes Gefühl, als liebkose dich jemand zärtlich. Atme weiter ruhig und lass dich durch den Weltraum treiben. Es ist dunkel, aber du fühlst dich sicher und es ist ein wohltuendes Gefühl, so dahinzuschweben.

E: Nun stell dir vor, dass du dich aus einem wundersamen Grund selbst sehen kannst. Du wirst zu deinem eigenen Beobachter. Es fühlt sich wunderschön an und während du dich anschaust, spürst du Liebe, die dich wie eine Welle vom Kopf bis zu den Zehen durchströmt.

F: Nun wirst du dir deiner sieben Chakren bewusst. Du siehst sie wie strahlende Lichter, die sich im Uhrzeigersinn drehen. Sie sind alle miteinander durch eine leuchtende, spiralförmige „Schnur" verbunden. Du schaust näher hin und bemerkst, dass Energiewellen durch die Chakren fließen und die, welche von den Chakren erzeugt werden, ausfließen.

Erfreue dich einen Moment lang an dem Anblick und atme langsam weiter.

G: Du bemerkst eine hochfrequente Vibrationsenergiewelle, die in dein viertes Chakra (das Herzchakra) eindringt. Diese Energiewelle erkennst du an ihrem hellen Leuchten, das sie an das Herzchakra durch ihr Eindringen weitergibt. Du spürst fast „flüssiges" Glück und Wärme in der Brust. Dein Herz füllt sich mit friedlicher Freude. Verharre so eine Weile. Genieße den Moment und erlaube dir die Kraft und Schönheit deines reinen, inneren Seins zu spüren.

Lies die einzelnen, oben beschriebenen Schritte, sooft du willst, damit du sicher bist, dich an alles zu erinnern.

Eile dich nicht. Alles ist gut. Danach schließe die Augen und öffne sie wieder, wenn du die Schritte vollzogen hast.

Schließe JETZT die Augen.

***

Gut Du hast die Augen wieder geöffnet. Lass die Erfahrung auf dich wirken und lies dann weiter oder beende den Vorgang, ganz wie du willst. Du kennst am besten deinen eigenen Rhythmus.

Hetze dich jedoch nicht aus Neugier. Erlaube deinem Gehirn, mit den neuen Gedanken vertraut zu werden und gib dir genügend Zeit, die neue Information zu absorbieren.

Die Menschen neigen dazu, ihren Fortschritt zu verfehlen, wenn sie versuchen, das neue Wissen intellektuell herunterzuschlingen. Lass es stattdessen in dich „einsinken" und dich von innen zu nähren.

Nun da du dein „Herzchakra" erfahren hast, verstehst du vielleicht besser, wie die Energiewellen, wie zum Beispiel die des Bewusstsein, die des Unterbewusstsein (deines und das anderer) sowie das der 7 Mächte dich, deinen Organismus durch ihr Ein- und Ausströmen beeinflussen und wie du in dem ganzen Design funktionierst.

Die 7 Mächte beeinflussen uns durch unsere Chakren, die die „Energiegeneratoren“ für unsere eigenen Schwingungen sind und „Energierezeptoren“ für die Schwingungen anderer.

Die Energie der Ersten Macht, des Universalen Gesetzes, ist für uns durch das erste Chakra, auch bekannt als das Wurzelchakra, zugänglich (einige sagen, es liege am Ende der Wirbelsäule).

Wir können unsere Realität nur dann genau so erschaffen, wie wir wollen, wenn wir für einen ununterbrochenen Fluss der 8 Universalen, Konstitutionellen Gesetze durch unser „Wurzelchakra“ sorgen. Störungen, egal welcher Art sie sind, unterbrechen unsere Kreation und wir werden am Ende entweder eine unerwünschte und verzerrte Version dessen „manifestieren“, was wir wollten oder etwas, das dem entspricht, was wir beabsichtigt haben, aber bald vor unseren Augen auseinanderfallen wird. Wir alle haben schon auf die eine oder andere Art solche Situationen in unserem Leben erfahren. (Wir werden später noch im Einzelnen darüber sprechen, was unsere Kreation begrenzt und wie wir Abhilfe schaffen können, wenn wir mehr über das Universale Gesetz und andere Mächte erfahren).

„Wie auch immer dein Weg sein mag, er muss mit einer wahren Verbindung in dir beginnen, bevor du dich für den Weg entscheidest, die Wahrheit in deinem Leben zu leben.“

– Aus „Der Meister und die Grünäugige Hoffnung“

Wir alle, die wir Teil des Einen Ganzen sind, haben ein Recht darauf, von dem zu profitieren, was uns zu Beginn des gesamten Entwurfs geschenkt wurde: die Wahl, unsere einzigartige Rolle so zu spielen, wie wir wollen.

Wir allen wollen ein glückliches, gesundes und erfülltes Leben. Und ja, wir alle haben das Recht glücklich zu sein. Dein Lebensstil, deine Lebensreise, der Weg, den du wählst, um deine einzigartige Rolle als Teil des Einen Ganzen zu spielen – hängen allein von dir ab.

„Er erklärte, dass das Treffen von Entscheidungen und die Angabe der eigenen Präferenz nicht auf Urteilsvermögen und engstirnige Meinungen anderer zurückzuführen sein musste. Man konnte einen anderen Weg wählen als andere, weil einem das besser gefiel und ohne die Richtigkeit der Entscheidung zu vernachlässigen. Man konnte sogar den Überzeugungen anderer eine Weile folgen und ihnen für wertvolle Lektionen danken.
(...)Wem steht es zu, über die Wirksamkeit irgendeiner dieser Wege zu urteilen? In mir beispielsweise erwacht die Liebe als spontane Freude, wenn ich alle als gleich vor der Liebe Gottes empfinde. Für meinen Freund John, dessen Weg das Yoga war, fühlte sich die Liebe wie Frieden an oder wie Unterwerfung. Es war sicher auch die gleiche Liebe, die in den frühen Christen erwachte, wenn sie das Leiden eifrig als von ihrem Gott für sie gesandt begrüßten. Trotz aller unterschiedlichen Wege scheinen sie sämtlich zu der gleichen Wahrheit zu führen.
(...)Und dann begriff ich es. Die Entscheidungen, die wir treffen, sind alle gut und richtig. Es gibt keine Fehler. Wie blinde Pferde finden wir immer unseren Weg und folgen ihm

auch, wenn wir manchen überraschenden Umweg beschreiten. Es ist sowieso nichts von Dauer. Das Leben ist ein ständiger Wechsel. Mit oder ohne unser Zutun. Und das ist eigentlich ein Segen."

– Aus „Der Meister und die Grünäugige Hoffnung"

Dein Leben ich deine ureigene Reise. Die Dauer wird an der Schönheit deines Herzens gemessen.

*Ich verwende den Ausdruck „Herz", um den Kern deiner Essenz zu beschreiben, den du als dein „reines inneres Sein" wahrnimmst. Das ist der Teil in dir, wo du deine eigene wunderschöne Wahrheit bewahrst, die frei ist von allen Konditionierungen und Ängsten.

Wenn wir dem Ruf unseres eigenen Herzens nicht nachgeben, wenn wir nicht darauf achten, wer wir sind und stattdessen den Zielen folgen, die uns entweder von den gesellschaftlichen Standards oder anderen Autoritäten in unserem Leben aufgezwungen werden, werden wir unglücklich. Früher oder später werden wir bedauern, was wir getan haben, was wir nicht versucht haben, wofür wir nicht gekämpft haben, um unser Schicksal zu erfüllen, dem wahren Ruf unseres Herzens zu folgen, unserer eigene Wahrheit gemäß zu leben.

Du musst nur deinen eigenen Wert kennen. Du bist kostbar, mächtig und einzigartig. Du brauchst nicht im Strom der Umstände stecken zu bleiben und mit dem weitermachen, was dich nicht mehr befriedigt. Du hast die Wahl. Es ist keine harte Arbeit nötig, du musst nicht kämpfen, um eine Veränderung herbeizuführen.

In den nächsten drei Kapiteln werden wir im Einzelnen über die Komponenten des Universalen Gesetzes, die 8 Konstituierenden, Universalen Gesetze, sprechen.

KAPITEL 3

DIE 8 KONSTIUIERENDEN, UNIVERSALEN GESETZE

TEIL 1:

Das Gesetz von Ursache und Wirkung
Das Gesetz von Entstehen, Wachsen und Vergehen
Das Gesetz von Rückgang und Ausweitung

„Das Universale Gesetz,' fuhr er fort, 'besteht aus anderen konstituierenden Gesetzen. Es sind acht. Und die Zahl Acht repräsentiert das Universale Gesetz in unserem Tempel.'
Mit meinem Finger malte ich eine unsichtbare Acht auf den Fußboden und ich musste an das Symbol der Unendlichkeit denken:

Ich fragte mit, ob das wohl ein Zufall war. 'Das erste konstituierende Gesetz ist das Gesetz von Ursache und Wirkung.' Rhami-yata warf einen raschen Blick auf meine unsichtbare Zeichnung. 'Du kannst es auch das 'Gesetz von Ursache und Reaktion' oder das 'Gesetz von Ursache und Lösung' nennen.'
'Wäre das das gleiche wie das Gesetz des Karma, Vater?' Ich schaute ihn erstaunt an.
'Manche Leute verwenden diesen Namen,' bestätigte er.
'Aha,' sagte ich. 'Also ist das Gesetz von Ursache und Wirkung die erste Komponente des Universalen Gesetzes. Wie interessant! Und es bedeutet, dass nichts ohne Konsequenzen sein kann, richtig? Keine Tat oder ein Gedanke.' Ich erinnerte mich daran, was ich über das Gesetz des Karma von John gehört hatte.
'Das ist richtig,' stimmte mein Lehrer zu. 'Und außerdem verursacht jede Wirkung, die du auch Reaktion oder Lösung nennen kannst, eine erneute Wirkung und so weiter.'
'Aber das ist nicht fair, Vater.' Nun schaute er mich mit offensichtlicher Überraschung an. 'All unsere vorangegangenen Taten,' fuhr ich fort, 'würden die nächste beeinflussen! Wenn wir aber etwas falsch machen? Was, wenn wir es nicht so gemeint haben?'
Rhami-yata nickte. 'Es ist nicht so schlimm, wie du denkst. Wir kommen später darauf zurück. Du musst zuerst mehr über die konstituierenden Gesetze lernen, um die gesamte Konstruktion zu verstehen und warum sie so entworfen ist.'
Er erklärte mir, dass die konstituierenden Gesetze der Materie größtenteils auf den Prinzipien von Kreisen basierten. Und wenn ich das in Erinnerung behielte, wäre es leichter sie zu verstehen."

– Aus „Der Meister und die Grünäugige Hoffnung"

Das Erste Konstituierende, Universale Gesetz:

DAS GESETZ VON URSACHE UND WIRKUNG

(URSACHE UND LÖSUNG)

Die Wissenschaft (Mathematik, Physik, Chemie, Biologie) lehrt uns, dass jede Handlung eine Wirkung nach sich zieht.

Das gleiche Prinzip – das heißt „Ursache und Wirkung" – ist Inhalt jeder Philosophie und Religion.

Wir neigen zu der Annahme, dass Handlung nur körperliches Tun bedeutet.

Aber gemäß des ersten der 8 Konstituierenden Universalen Gesetze resultiert jeder einzelne Gedanke aus einer Handlung und ist damit eine Aktion. Ohne Ausnahme.

Es ist wichtig sich klarzumachen, dass wenn wir mit Stresssituationen oder schwierigen Aufgaben überfordert sind, sich negative Gedankenmuster bei uns festsetzen. All unsere negativen Gedanken beeinflussen aber unsere Realität ebenso wie negative Handlungen.

Um ein glückliches und erfüllendes Leben führen zu können, müssen wir wissen, wie wir achtsam bleiben und uns in Achtsamkeit üben.

Das muss gar nicht schwer sein.

Wenn wir uns einer stressigen, bedrohlichen oder ärgerlichen Situation gegenübersehen, sollten wir unseren Emotionen nicht nachgeben: anstatt sich darin festzubeißen, was alles passieren könnte oder nicht, hört einfach auf euer Herz (den Kern unserer Existenz, auch unser „reines, inneres Sein" genannt).

Alle Ängste, Zweifel und alles Negative liegt außerhalb eures Herzens und kann leicht euren Verstand beschäftigen.

Die gute Nachricht ist, dass eure Gedankenmuster verändert werden können.

Fangt mit kleinen Schritten an: ein Tag nach den anderen. Wenn ein negativer Gedanke euch in den Kopf kommt, sagt ihm „Halt!", sooft es nötig ist. Dann sagt euch: „Dies ist nur ein Gedanke, den ich gedacht habe. Jetzt denke ich frei von Ängsten und Negativität". Dann denkt an etwas wirklich Schönes. Langsam werdet ihr lernen die negativen Gedanken durch erfreuliche zu ersetzen.

Um euch jedoch völlig von eurer Negativität zu befreien, müsst ihr euch nach Werkzeugen umschauen, mit denen ihr euer Unterbewusstsein reprogrammieren könnt.

Die wirkliche Frage ist:

Wie kann man positiv denken, ohne dass negativ programmiertes Unterbewusstsein, das unsere positiven Gedanken überschwemmt?

Hier ist eine Anleitung:

Wenn ihr an negatives Denken gewöhnt seid, müsst ihr euch daran erinnern, dass das Unterbewusstsein alles ablehnt, was es als Unsinn wahrnimmt, wenn ihr etwas bejaht, was im Gegensatz zu dem steht, was ihr unbewusst wisst oder über euch selbst denkt.

Es wird beispielsweise die Äußerung “Ich habe tausend Euro auf dem Konto“, wenn du nicht mal deine Rechnungen bezahlen kannst, zurückweisen, weil es nicht mit dem übereinstimmt, was dein Unterbewusstsein weiß.

Deshalb sind Aussagen wie „Ich bin kerngesund“, wenn du krank bist oder „Ich bin reich“, wenn du kaum deine Miete bezahlen kannst, ineffektiv.

Was du aussagst, muss mit dem übereinstimmen, was deine Vorstellung von dir selbst, der Welt und deinem Herzen ist.

Wenn du positive Aussagen übst, muss das Schritt für Schritt vorgehen.

Fange damit an, dass du die Vorstellung von dir selbst veränderst.

Dabei ist es wichtig, immer daran zu denken, dass jedes menschliche Wesen, jede Pflanze, jedes Tier, einfach alles Lebendige absolut einmalig ist.

Es ist wichtig, dir über deine Einmaligkeit klar zu sein und sie anzuerkennen und über die Tatsache, **dass dir ein glückliches Leben zusteht**. Du kannst dein eigenes Schicksal bestimmen und zum positiven Leben anderer beitragen.

Du kannst zum Beispiel dein Gedankenmuster verändern, indem du sagst:

„Ich weiß, dass das Leben mir alles bieten kann, was gut ist. Ich bin bereit für immer bessere Tage.“

Wenn du etwas Schlimmes, Schmerzhaftes oder Dramatisches erlebst, solltest du nicht versuchen, dich davon zu überzeugen, dass alles herrlich und perfekt ist, weil dein Unterbewusstsein nur darüber lachen und solch ein Denken zurückweisen würde.

Aber du kannst sagen, was wahr ist und das so, dass es dir in deiner Situation hilft.

Wenn du krank bist, könntest du zum Beispiel sagen:

„Es gibt Momente, in denen ich mich gut fühle, und ich warte auf mehr solche Momente.“ Und danach: „Ich fühle mich besser und besser. Ich glaube, ich werde gesund“. Und als nächstes: „Ich bin glücklich zu sehen, wie ich gesund werde“.

Das gleiche bei Erfolg:

Du kannst nicht einfach sagen: „Ich bin erfolgreich“. Dein Unterbewusstsein kennt die Wahrheit und verwirft sofort den Gedanken.

Besser du fängst mit folgendem an:

„Ich kann mir noch mehr Fertigkeiten aneignen. Ich glaube, ich kann meinen Traumjob finden und anerkannt werden.

Du kannst natürlich nicht einfach diese Aussagen wiederholen und nichts in deiner Situation tun. Du musst dich umtun, an dir arbeiten und gleichzeitig dein positives Denken entwickeln.

Indem du positives Denken praktizierst, bewirkst du eine stetige Transformation deiner inneren Überzeugungen. Du ersetzt langsam deine unterbewusste, negative Programmierung mit etwas, das positiv und vorteilhaft für dich ist.

In meinem Buch „365 (+1) Affirmationen für ein großartiges Leben“ sage ich meinen Lesern, wie man das macht und gebe ihnen ein einfaches Schritt-für-Schritt Program an die Hand, mit dem sie jede Lebenssituation verbessern können.

Vergiss auch nicht, wenn du dich in tiefer Entspannungsphase, beispielsweise in Meditation befindest, dass es leichter möglich ist, das Unterbewusstsein zu reprogrammieren. Zu dem Zweck habe ich MP3s bespielt, auf denen ich den Hörer durch den Prozess der Reprogrammierung des Unterbewusstseins führe.

Diese und ähnliche Werkzeuge sind sehr hilfreich und du findest sicher, was zu dir passt und was du brauchst.

Wenn du neue, positive Gedanken denkst, beginnst du andersartige chemische Substanzen zu produzieren, die mit neuen, positiven Emotionen einhergehen und neutrale Wege in deinem Gehirn eröffnen. Je öfter du diese Gedanken wiederholst, desto ausgeprägter wird der neue, neutrale Weg wie eine Abkürzung durch die Felder. Je öfter du sie benutzt, desto bequemer wird sie.

Damit ein solcher Prozess effektiv wird, brauchst du 6 – 8 Wochen täglicher Übung.

So lange dauert das Verschwinden der alten Denkmuster, damit neue, neutrale Wege entstehen können. Um aber deinen Lebensstil völlig neu zu gestalten und dich von den negativen Gedanken zu befreien, ist eher ein halbes Jahr nötig. Dann erst sind die neuen Wege von Dauer.

Positives Denken, die Denkweise überhaupt, ist das Resultat ständiger Übung. Zunächst muss dir bewusst werden, wie und wann du positiv denkst. Dann wird es dir zur Gewohnheit, die schließlich zu deinem Lebensstil wird.

Der beste Weg, um sicherzustellen, dass du im Einklang mit dem Gesetz von Ursache und Wirkung bleibst, ist, immer in dein Herz zu schauen.

Lass dein Herz sprechen, seine Vorstellung von dir und der Welt ist größer als die deine.

Vergiss nicht, dass das Gesetz von Ursache und Wirkung ohne Ausnahme agiert: wenn du wirklich deine Denkmuster verändern möchtest, dann wird genau das geschehen.

Wir alle sind in der Lage, in der Schönheit unseres Herzens zu leben. Warum nicht im Einklang mit der Ersten Macht, den Universalen Gesetz sein, um dein Leben und das der anderen zu verbessern?

INNERE REISE

DURCH DEIN „HERZSCHAKRA“ ATMEN

Setz dich bequem hin und atme mehrmals tief durch. Langsam. Du hast keine Eile. Diese Reise geschieht in zwei Teilen.

Schritt 1:

In einem Moment bitte ich dich die Augen zu schließen und sie dann wieder zu öffnen, um weiterzulesen, nachdem du dir folgendes vorgestellt hast:

A: Du sitzt am Strand und schaust auf ein wunderschönes, smaragd farbenes Meer. Mit geschlossenen Augen spürst du die sanfte Brise, die deinen ganzen Körper umspielt: deine Beine, deinen Bauch und die Brust, die Arme und den Nacken, dein Gesicht, den ganzen Kopf.

B: Du bemerkst, dass die zärtliche Brise mit dem Wellengang der Meereswellen kommt und geht. Es ist ein sehr angenehmes Gefühl, ein Teil dieser harmonischen Bewegung zu sein.

C: Nun spürst du, wie dein Atem ein Teil des friedlichen Rhythmus' wird.

EIN: – die Brise kommt um dich zu umspielen.

Aus: – die Brise verliert sich im Ozean.

Atme weiter und genieße die liebevolle Brise.

Lies die Zeilen oben, so oft du willst. Eile dich nicht. Alles ist gut. Danach schließ die Augen und öffne sie wieder, wenn du fühlst, dass es Zeit ist.

Schließe JETZT die Augen.

***

Gut. Du hast die Augen wieder geöffnet.

Schritt 2:

Stell dir vor, dass die liebevolle Brise deinen ganzen Körper auflösen und wieder vollständig machen kann. Sie strömt ganz leicht durch dein „Herzchakra":

EIN: Die Brise, die durch dein „Herzchakra" strömt, lässt deinen Körper entstehen.

AUS: Die Brise strömt aus deinem „Herzchakra", dein Körper löst sich auf und wird eins mit dem Ozean.

Atme weiter und genieße die Liebe, die dich erfüllt.

Lies die oben Beschriebenen Schritte, sooft du willst. Eile dich nicht. Danach schließe die Augen und öffne sie wieder, wenn du die Aufgabe abgeschlossen hast.

Schließe JETZT die Augen.

***

Gut. Du hast die Augen geöffnet. Entweder kannst du dich jetzt ausruhen und später weiter lesen. Du kennst am besten deinen Rhythmus. Oder lies weiter.

Du kennst nun den Rhythmus deines Herzens.

Du kannst das oben Beschriebene wiederholen, wenn du magst. Du kannst die 'Innere Reise' auch zu einer täglichen Routine machen.

Das Atmen durch dein „Herzchakra“ hilft dir zu erkennen, dass du, obwohl wir in der Illusion leben und ein Teil des Rades der Schöpfung sind, nicht nur den Prozess der Schöpfung und die Energie der reinen Liebe erfahren kannst, sondern dass du auch deine eigene Erfahrung zu kreieren vermagst.

„'Ja', sagte der Meister. 'Das Rad der Schöpfung ist ein Prozess, bei dem die Materie und der Geist transzendiert werden'.
Ich warf ihm einen raschen Blick zu und biss mir auf die Lippe, um nicht mit tausend Fragen herauszuplatzen. Mein Selbstheilungsprozess beeinflusste sehr heftig mein Bewusstsein und mein Glücksgefühl, aber nicht meine abenteuerhungrige Neugier.
'Könntest du mir zeigen, wie das vor sich geht?' fragte ich

listig in der Hoffnung auf eine weitere Reise durch Raum und Zeit. 'Könntest du mir einen Ort zeigen, von dem aus ich das beobachten kann?'
'Aber sicher,' sagte der Meister. 'Wir können jederzeit dorthin gehen.'
'Wie wär's mit jetzt?' fragte ich lieb.
'Jetzt ist gut,' sagte er und seine wunderschönen Augen wurden erbsengrün.
Ich wartete, was geschehen würde. Würde er meinen Arm berühren, und wir würden irgendwohin transportiert? Aber Rhami-yata sah mich nur an und lächelte.
'Also?', fragte ich. 'Wie kommen wir dorthin?'
'Wir sind schon da', sagte der Meister.
Ich schaute mich um. Wir saßen immer noch auf der Steinmauer des Tempelhofs.
'Also gut,' sagte ich langsam. 'Warum ist es hier nicht dunkel oder wieso sehe ich keine bunten Energiewolken oder ähnliches?'
Er erklärte mir geduldig, dass der transzendierende Prozess, der ein ewiger Tanz zwischen Materie und Geist ist, die Illusion meiner Sinne unentwegt in kurzen Intervallen neu erschaffen würde. Deshalb würde ich den Tempelhof genauso wahrnehmen, wie vor einer Sekunde. Ohne den transzendierenden Prozess könnte ich nichts als soliden Ort wahrnehmen.
'Du sähest nur die Energiefunken flackern und immer neue Bilder und Umgebungen erstellen', sagte er. 'Flackernde Ideen der Realität, die von deinem und anderer Menschen Bewusstsein und Unterbewusstsein herrühren. Nichts wäre imstande stabil genug zu bleiben, damit deine Sinne es als etwas Festes wahrnehmen könnten'.
Fasziniert spielte ich einen Moment lang mit der Sichtweise meines 'dritten Auges' und schaltete zwischen diesem und meiner normalen Sichtweise hin und her. Ich bemerkte ein winziges Fenster, das wie zwischen den beiden Sichtweisen

zu sein schien, durch das ich für den allerkleinsten Moment beides, das Flackern und die Stabilität des Tempelhofes sehen konnte.
'Dann ist es wegen des Rades der Schöpfung, dass wir in der materiellen Welt leben können??' fragte ich.
'Das Rad der Schöpfung ist ein transzendierender Prozess, in dem Materie und Geist koexistieren. Und ja, deshalb kann sich deine Seele einem Team aus Verstand, Körper, Emotionen und Ego anschließen, das es dir ermöglicht, dein physisches Leben zu erfahren.' sagte der Meister.
'Und wie geschieht das?' fragte ich.
'Möchtest du tanzen?', war die Antwort des Meisters. Bevor ich wusste, wie wie mir geschah, tanzten wir Walzer durch den Tempelhof.“

– Aus „Der Meister und die Grünäugige Hoffnung“

Das Zweite Konstituierende Universale Gesetz:

DAS GESETZ VON ENTSTEHEN, WACHSEN UND VERGEHEN

Reiche entstehen, erblühen und gehen zugrunde. Reichtümer, die gewonnen werden, schmelzen über Nacht zu nichts zusammen. Denkweisen, ebenso wie Zivilisationen entwickeln sich und verschwinden wieder.

Alles was geboren wird, lebendig ist, jeder einzelne Organismus, jede Pflanze, jedes Tier, jeder Mensch, Stein und Stern erreicht irgendwann sein unvermeidliches, physisches Ende. Das ist nichts Tragisches. Es liegt einfach in der Natur der Sache.

Dank des Kreislaufs des Lebens können wir unsere eigene Existenz erfahren – gemessen sowohl an der Zeit als auch an unserem Herzen.

Alles Materielle unterliegt auf die eine oder andere Weise der Zeit. Was nicht materiell ist, kennt natürlich keine Zeit – nach Ansicht der Wissenschaft und jahrtausendealter, philosophischer und mystischer Vorstellungen.

Wenn es keine Zeit gibt, was dann? Und wie arbeitet das Gesetz vom Entstehen, Wachsen und Vergehen?

Wir sind alle Teil eines großen Energiefelds mit endlosen Möglichkeiten. Jeder von uns existiert in diesem Feld als individuelles Bewusstsein, und gleichzeitig als Teil des gesamten Felds.

Das Bewusstsein, das wir sind, drückt sich in der materiellen Welt als Strom/Signal aus. Wir können nur weiter existieren, wenn wir uns entwickeln. Und dann steigt die Schwingungsfrequenz des Stroms /Signals des Bewusstseins, das wir sind, weiter an und sichert seine Existenz.

Hören wir auf uns zu entwickeln, nimmt die Schwingungsfrequenz des Bewusstsein, das wir sind, ab und wird stetig langsamer. Der Strom/das Signal wird schwächer und langsamer und verschwindet schließlich ganz.

„'Das Nichts', sagte ich zitternd. 'Ich kann es fühlen. Es ist kalt'. Er prüfte einen Moment lang mein Gesicht. 'Kind, es gibt keinen Grund sich zu fürchten. Das Gesetz ist weder blind noch erbarmungslos. Es ist fair. Fort-

schritt ist gerne bereit denen zu helfen, die ein williges und suchendes Herz haben. Es liegt ganz an euch Menschen. Niemand lässt euch im Dunkeln stehen, vertrau' mir. Ihr hattet immer die Wahl'.
Ich schaute ihn ungläubig an. 'Aber wer würde sich denn aussuchen zu verschwinden, sich aufzulösen?'
Rhani-yata berührte freundlich meine Hand. 'Ich denke, du hast sehr wenige Leute getroffen, die sich umbringen wollten, Hermenethre. Nicht nur physische Wesen haben die Freiheit der Wahl. Seelen haben sie auch. Es ist ihr angestammtes Recht. Das ist etwas Wunderschönes, nicht wahr? Sein eigenes Schicksal zu wählen.'"

– Aus „Der Meister und die Grünäugige Hoffnung"

Und so beeinflusst das Gesetz vom Entstehen, Wachsen und Vergehen das, was nicht von der Zeit abhängt:

Das, was fortfährt zu wachsen, stirbt nicht.

Was sich nicht entwickelt, hört auf zu existieren.

Dieses Gesetz, ebenso wie das Gesetz von Ursache und Wirkung, kennt keine Ausnahme. Um also unseren Fortbestand als Bewusstsein, das wir sind, sicherzustellen, ist es das beste uns stets weiter zu entwickeln und das als unser wichtigstes Anliegen anzusehen.

Dies ist wirklich wichtig:

Unsere Entwicklung hängt von der Erweiterung der Vision unseres Herzen ab. Das darfst du nie vergessen.

Das Gesetz vom Entstehen, Wachsen und Vergehen eröffnet uns die

Chance die Schönheit unseres Herzens zu erfahren, die das einzig Bleibende in der materiellen Welt ist.

Achte auf dein Herz. Lass es weiter in diesem riesigen Energiefeld sein.

Trau deinem Herzen und du wirst herausfinden, wozu du fähig bist, wozu du da bist und was du wirklich willst und brauchst, um es der Welt zu geben.

Die einzigartige und wahre Vision deines Herzens ist nötig und willkommen, um in der Welt zu leuchten, sie zu einem besseren Ort für dich und uns alle zu machen.

Das Dritte Konstituierende Universale Gesetz:

DAS GESETZ VON RÜCKGANG UND AUSWEITUNG

Gemäß dieses Gesetzes pulsiert die Materie fortwährend als Teil der kosmischen Energie. Sie dehnt sich aus, schrumpft zusammen, dann dehnt sie sich wieder aus und so weiter.

Wie funktioniert das und was hat es mit unserer Erfahrung zu tun?

Mehr als wir erwarten würden.

Bisher hat die Tatsache, dass das Universum sich ausdehnt und dass die Galaxien sich von uns fortbewegen, die Astronomen in Erstaunen versetzt, die zunehmend präzisere Messungen von zwei wichtigen kosmischen Mustern machten: die Rate, in der das Universum sich ausdehnt und die Durchschnittsdichte der Materie im Universum.

Als Wissenschaftler 1920 die Ausdehnung des Universums entdeckten, nahmen sie an, diese verlangsame sich. Erst 1998, als zwei unabhängige

Studien bewiesen, dass das Gegenteil der Fall war, fing man an darüber nachzudenken, was wohl das Resultat dieser Entdeckung wäre.

Seitdem wurden mehr als 5000 Abhandlungen darüber verfasst, und viele davon behandelten etwas, das Dunkle Energie genannt wird. In der physikalischen Kosmologie und Astronomie beschreibt das eine unbekannte Form der Energie, von der angenommen wird, sie durchdringe den gesamten Weltraum und beschleunige die Ausdehnung des Universums.

Sie ist sehr dicht und im Gegensatz zur Materie scheint sie nicht der Schwerkraft zu unterliegen. Dunkle Energie macht ca. 71% der Universaldichte aus und füllt den sonst leeren Raum.

Was Wissenschaftler als Dunkle Energie wahrgenommen haben, haben die Meisterlehren der HOFFNUNG als Geist beschrieben – im Gegensatz zur Materie.

Die Meisterlehren der Hoffnung und einige der alten Philosophien nannten die Interaktion zwischen Materie und Geist (Dunkle Energie) symbolisch „das Atmen des Universums".

„Du musst verstehen, dass sowohl Materie als auch Geist Energien sind und ihr Basiselement ist die Schwingung.', schloss er seine Lehrstunde. 'Schwingung ist die Basis von allem, was ist und was nicht ist'.
Na prima – dachte ich. Nun hat er mich vollends verwirrt.
'Was meinst du mit 'ist' und 'ist nicht'? fragte ich.
'Mit anderen Worten das, was manifestiert ist und das was noch nicht manifestiert ist,' sagte er.
'Ach so', nickte ich. 'Du meinst Schwingungen sind wie

Samen für etwas, das wachsen wird und das, was schon gewachsen ist'.
(…) Ebenso wie die Höhe der Flamme anzeigt, wieviel Öl das Feuer verbraucht, und ihre Farbe deutet auf die Art des Öls hin, so reflektiert jede Energie die Qualität der Schwingung, von der sie ausgeht', erklärte er.
Ich verengte meine Augen und beobachtete die Flamme. Wenn man auf diese Weise schaute, war sie verschwommen und sah aus wie kleine Wellen in der Luft.
'Dann ist die Energie wie eine Welle, ein Muster', sagte ich.
Er lächelte. 'Tatsächlich ist die Energie ein Muster, das die Häufigkeit und Dichte der Schwingung widerspiegelt. Verschiedene Arten von Energie reflektieren verschiedene Schwingungen.'
'So wie Materie und Geist?'
'Genau,' bestätigte er.
Beide seien ewig in ihrer Essenz, wandelten sich ständig und verewigten ihre Existenz, erklärte er. Während jedoch der eine sich zusammenzog, weitete sich der andere aus. Dann würden sie wechseln, der eine würde sich ausweiten, während der andere sich zusammenzog und so weiter.
Er reichte mir einen antik aussehenden Blasebalg, Ich drehte ihn in meinen Händen und bewunderte sein solides und geschmackvolles Design. Am Leder waren Eichenholzgriffe mit eleganten Bronzenägeln befestigt. Ich spielte ein bisschen mit dem Blasebalg herum, während der Meister fortfuhr zu erklären: 'Ebenso wie durch die auseinandergezogenen Griffe die Luft eingezogen wird, weitet sich der Geist aus und absorbiert die Materie. Man kann sagen, dass der Geist die Materie einatmet'.
'Dann, so wie der Blasebalg zusammengedrückt wird und die Luft herauslässt, zieht sich der Geist zusammen, während die Materie sich ausdehnt, sozusagen 'ausgeatmet wird'.
Interessant – dachte ich und drückte die Griffe zusammen. Der Blasebalg machte ein zischendes Geräusch, während er

die Luft freiließ.
'Und so 'atmen' die Materie und der Geist permanent zusammen oder 'tanzen miteinander', wenn du so willst', sagte er. 'Es ist ein immerwährender Kreislauf (…)
'Wenn die Materie oder der Geist sich ausdehnen, ist mehr Raum in ihnen. Und während sie sich zusammenziehen, sind sie,, sagen wir mal 'voller'. Du kannst das ganz leicht in der Physischen Welt beobachten'.
'Und wie?' fragte ich.
'Aufstieg und Fall von Denkweisen, beispielsweise in Zivilisationen. Oder die sogenannte Geburt und der Tod von Organismen. Oder die Ausdehnung und das Zusammenziehen des Universums,' sagte er. 'Nun ja, um das zu beobachten, müsstest du viele Millionen Jahre leben', sagte er lächelnd. 'Du kannst jedoch feststellen, dass sich das Universum derzeit ausdehnt. Es gibt heutzutage mehr 'Raum' in der Materie.'"

– Aus „Der Meister und die Grünäugige Hoffnung"

Während der Phase, in der sich das Universum ausdehnt, gibt es zunehmend mehr Raum (mehr Dunkle Energie oder Geist) im Vergleich zur Materie.

Das bedeutet, dass alles Nicht-Materielle sich schneller, leichter 'bewegt', so als 'gleite' es schnell durch Wasser oder Luft. Jede einzelne ausgesandte Schwingung bewegt sich schneller vorwärts.

Achte einmal darauf, wie schnell deine Gedanken sich jetzt 'manifestieren', wie schnell deine Wünsche oder Ängste in deinem Leben Wirklichkeit werden.

Und wie ist es mit der Veränderung in der Welt: merkst du, wie schnell Dinge geschehen verglichen früheren Zeiten? Wie die Wissenschaft sich rasch entwickelt oder menschliche Gedankenmuster, politische oder soziale Veränderungen geschehen. Solche Veränderungen dauerten für gewöhnlich Jahrzehnte oder gar Jahrhunderte. Jetzt können wir sie in einer einzigen Lebenszeit beobachten.

Mit anderen Worten: wir haben die Chance, die Realität, in der wir leben, in wirklich entscheidender Weise zu beeinflussen, die allen zugutekommt.

Unser Universum ist dank seiner beschleunigten Expansion auf unserer Seite.

Das Leben ist auf unserer Seite. Wir leben in den interessantesten Zeiten: es liegt an uns, wie wir dieses Wissen nutzen.

Ich weiß, wir werden es gut machen, wenn wir mit Verstand und Herz dabei sind.

INNERE REISE

DIE VISION DEINES HERZENS AUSWEITEN

Setz dich so bequem hin, dass du 10-15 Minuten ohne Unterbrechung so bleiben kannst. Wenn du bereit bist, hol ein paarmal tief Atem. Gleich werde ich dich bitten, die Augen zu schließen und sie wieder zu öffnen um weiter zu lesen, nachdem du dir das Folgende vorgestellt hast:

A: Du stehst vor einem goldenen Tor inmitten einer großen Wiese, die bis an den Horizont reicht. Atme ruhig und genieße deine Umgebung.

B: Du schaust dir das Tor an und weißt nicht, wohin es führt und was sich dahinter verbirgt. Aber irgendwo tief in dir weißt du, dass es für dich sehr wichtig ist, hindurch zu gehen.

C: Geh dichter an das Tor. Warte einen Moment.

D: Hol tief Atem und geh durch das Tor. Schau dich um und bemerke, dass die Umgebung sich verändert hat: Du stehst auf den Gipfel eines Berges und schaust über ein wunderschönes Tal. Breite deine Arme weit aus. Du fühlst dich mit den Land um dich herum und mit dem Himmel über dir verbunden. Du spürst eine stille Freude in dir aufsteigen. Es ist gut hier zu sein. Du fühlst dich sicher und zu Hause.

E: Du spürst dem Gefühl nach, verbunden zu sein und dir wird klar, dass du zu einer Brücke geworden bist, die alles um dich herum verbindet. Du, die Brücke, macht es möglich für alles, verbunden zu sein und als Eins zu existieren. Du fühlst, wie sich deine eigene Gegenwart auflöst: als verbindende Brücke fühlst du dich grenzenlos.

F: Atme weiter langsam und friedlich und genieße es, eine „Brücke“ zu sein. Du brauchst dich überhaupt nicht zu bewegen, du kannst überall sein, ohne einen einzigen Schritt zu tun.

Lies die einzelnen Schritte sooft durch, wie du magst. Du hast keine Eile. Alles ist gut. Danach schließe wieder die Augen und öffne sie wieder, wenn du die Aufgabe beendet hast.

Schließe JETZT die Augen.

***

Gut. Du hast die Augen wieder geöffnet. Nachdem du über deine Erfahrungen nachgedacht hast, kannst du weiterlesen oder noch einmal zu diesen Seiten zurückkehren. Es liegt an dir: Vertrau immer deinem eigenen Rhythmus.

KAPITEL 4

DIE 8 KONSTIUIERENDEN, UNIVERSALEN GESETZE

TEIL 2:

Das Gesetz der Erscheinungen
Das Gesetz der Kettenreaktion
Das Gesetz der Rückkehr zum Selbst

„Das größte Wunder unserer Existenz ist, dass wir zu der sogenannten 'Erweckung' und Befreiung unserer Seele in der Lage sind. Wenn wir bereit sind, wird es geschehen, und es ist, als erhielten wir eine Geschenk.
Geschenke sind kostenlos. Sie kommen zu dir, wenn du die Tür öffnest. Du bist bereit die Tür zu öffnen, wenn dir bewusst wird, dass du bereit bist das Geschenk anzunehmen. Der Versuch es zu erzwingen aber macht uns unbeholfen, blind und taub von unseren eigenen Konzepten. Und so blockieren wir die Tür und werden niemals wissen, welcher

Art das Geschenk war."

– Aus „Der Meister und die Grünäugige Hoffnung"

Das Vierte Konstituierende Universale Gesetz:

DAS GESETZ DER ERSCHEINUNGEN

Dieses Gesetz war bei vielen „Erweckungen" unter denjenigen beteiligt, die nach größerem Wissen auf der Suche waren:

Im Einklang mit dem Gesetz der Erscheinungen zu sein, führt zu erweitertem Bewusstsein, Altruismus und bedingungsloser Liebe, die dem Gehirn helfen, sich neu zu verkabeln und in der Lage zu sein, basierend auf spiritueller Logik und nicht nur sensorischer Logik zu funktionieren.

Das Gesetz der Erscheinungen basiert auf dem Prinzip, dass es einen offensichtlichen Verlust gibt, der in Wirklichkeit ein Gewinn ist. Und scheinbarer Gewinn, der tatsächlich ein Verlust darstellt.

Denk an eine Situation in deinem Leben, wenn du etwas verschenkt hast und auf irgendeine Weise das Gleiche oder etwas ähnliches zurückerhieltest. Du kannst also sagen, während du etwas verloren hast, hast du in Wahrheit etwas dazu gewonnen.

Wenn du dich allerdings fragst, ob du immer etwas gewinnst, während du verlierst, so ist die Antwort „nein". Das nämlich hängt von den Schwingungen deiner Aktion und deiner Gedanken ab.

Vergiss nicht: deine Gedanken gehören in die Welt der Materie, obwohl du sie nicht sehen kannst.

Wenn wir erst einmal verstanden haben, dass auch unsere Gedanken Aktionen darstellen, weil sie von ihrer Natur her Schwingungen sind, wissen wir, welche wichtige Rolle sie im Prozess unseres Lebens spielen und für Ereignisse, Erfahrungen, Situationen oder Menschen, die in unser Leben treten, verantwortlich sind.

Jede Aktion oder jeder Gedanke hat einen Anfang, der „Startpunkt" genannt wird.

Die Schwingungen, die am Startpunkt verwendet werden, sagen wir mal diese Gedanken und Gefühle, werden „Absichten" genannt.

Mit anderen Worten: wir haben an der Basis jedes Gedankens und jeder Aktion Absichten. Und diese Absichten, die am Startpunkt verwendet werden, können wie Radiowellen in verschiedenen Frequenzen vibrieren.

Die Frequenzen der Absichten hängen von unserem Bewusstsein ab. Je fortgeschrittener und weiter entwickelt du in deinem Leben bist, desto höher ist der Grad deines Bewusstseins.

Je höher der Grad deines Bewusstseins, desto schneller sind die Vibrationen deiner Absichten.

Und so gewinnst oder verlierst du, was abhängig ist von den Vibrationen deiner Absichten am Startpunkt (deiner Gedanken).

Hohe Frequenzen deiner Absichten bringen dir Gewinn, niedrige Verlust.

Wenn du mit der Absicht, etwas zurückzubekommen, ein Geschenk machst, kann es passieren, dass du gar nichts bekommst. Deine Absichten stimmen nicht mit den Aktionen überein. Du gibst vor, großzügig zu sein, in Wirklichkeit bist du auf einen Handel aus.

Wohl bemerkt ist nicht Falsches am Handeln. Aber so zu tun, als sei man großzügig, um sich etwas zu erschleichen, ist kein Zeichen hoch entwickelten Bewusstseins. Verwechsele also nicht das Handeln mit dem Schenken. Handele, wenn du willst, aber gib nicht vor zu schenken.

Vergiss nicht: nur wahre Großzügigkeit hat eine hohe Schwingungsfrequenz.

Wenn du wahrhaft schenkst, gewinnst du in Wirklichkeit.

Vergewissere dich, dass deine Absichten am Startpunkt deiner Gedanken und Aktionen von hoher Schwingungsfrequenz sind, dann erlebst du keine Enttäuschungen und machst keine Fehler.

Wenn du schenkst, SCHENKE und hoffe nicht auf Lob oder erwarte eine Gegenleistung, nicht mal ein danke schön – selbst das ist auf dem Energielevel eine mächtige Belohnung).

Wenn du handelst, HANDELE. **Bewusstes Handeln hat keineswegs niedrige Schwingungsfrequenzen, solange es aufrichtig und fair vonstattengeht.**

Wenn du liebst, LIEBE. Sei nicht besitzergreifend oder bedürftig. Das ist keine Liebe.

Sei sehr klar in deinen Absichten, und du wirst die erwarteten Ergebnisse bekommen. So einfach ist das.

So kannst du mit dem Gesetz der Erscheinungen in Einklang bleiben.

Es IST einfach: es ist wunderschön und es ist reine Freude, wenn wir es so geschehen lassen.

Wenn wir auf unser Herz hören, ist nichts schwierig und alles

ist gut.

Nach dem, was viele Philosophen, Mystiker und Glaubenssysteme seit Tausenden von Jahren sagen, und nach der Quantentheorie ist die Auswirkung auf alles andere umso höher, je höher die Frequenz der Schwingungen ist.

Wenn wir zum Beispiel die menschlichen Gehirnwellen untersuchen, finden wir, dass diejenigen mit der höchsten Schwingungsfrequenz, besonders die Gammawellen in engen Zusammenhang mit einem erweiterten Bewusstsein, Altruismus und den sogenannten „höheren Tugenden“ stehen. Forscher sind immer noch verblüfft darüber, dass Gammarhythmen Wahrnehmung und Bewusstsein modulieren und unter Narkose oder in tiefer Trance verschwinden.

Ein weiteres Rätsel für die Wissenschaft ist die Art und Weise, wie Gammawellen erzeugt werden, da ihre hohe Frequenz weit über dem neuronalen Abschuss liegt. (Es ist jedoch noch viel mehr Forschung erforderlich, da das Gehirn für die spirituelle Logik, die hochfrequente Schwingungen verwendet, „neu verkabelt“ wird – und auf andere Weise funktioniert als das Gehirn, das die sensorische Logik verwendet).

Erweitertes Bewusstsein, Altruismus, bedingungslose Liebe – das heißt: die höheren Tugenden (mit anderen Worten; die Absichten mit den hohen Schwingungsfrequenzen) haben enorme Macht, die Realität wegen der Qualität ihrer Schwingungen augenblicklich zu verändern. Und sie öffnen die Tür für das Geschenk der „Erweckung“.

INNERE REISE

UM DEN STROM DES ÜBERFLUSSES ZU ERFAHREN

Setz dich in eine bequeme Position, in der du mindestens 10-15 Minuten verharren kannst.

Wenn du bereit bist, atme einige Male tief durch.

Gleich werde ich dich bitten, die Augen zu schließen und sie wieder zu öffnen, wenn du dir das Folgende vorgestellt hast:

A: Du sitzt auf einem großen Feld. Es ist spät in der Nacht und der Himmel ist voller Sterne. Die Nacht ist ruhig und warm. Du sitzt bequem und fühlst dich sicher. Während du ruhig atmest, schaust du in die strahlenden Sterne.

B: Wenn du einatmest, bildet sich ein goldener Nebel in deiner Brust. Wenn du ihn ausatmest, schwebt er geradewegs in den Himmel und bildet einen neuen Stern.

C: Du schließt die Augen und lässt deinen Atem mehr und mehr Sterne erschaffen.

D: Atme weiter und genieße den Strom des Überflusses.

EIN – das Universum versorgt dich mit kostbarer Luft, die sich in deinen Lungen in Gold verwandelt.

Aus – du atmest das Geschenk des Universums aus und der goldene Nebel wird zu einem Stern, der für dich und alle anderen strahlt.

E: Während du friedlich atmest, wird dir etwas klar:

Solange du am Kreislauf der Schöpfung teilnimmst, und großzügig die Geschenke des Universums mit anderen teilst, wird es immer und unausgesetzt einen Überfluss an Licht geben.

Du weißt, je mehr du das Licht mit anderen teilst, desto mehr Licht gibt es. Du wirst niemals zu wenig Licht haben.

Lies dir die einzelnen Schritte durch, sooft du magst. Du bist nicht in Eile. Alles ist gut. Danach schließt du die Augen und öffnest sie, wenn du diese Aufgabe beendet hast.

Schließe JETZT die Augen.

***

Gut. Du hast die Augen wieder geöffnet. Kehre später zu diesen Aufgaben zurück.

Oder du kannst weiterlesen. Traue stets deinem eigenen Fortschritt.

Das Fünfte Konstituierende, Universale Gesetz:

DAS GESETZ DER KETTENREAKTION

WARUM IST ES SO, DASS DAS, WAS DU AUSSENDEST, VERÄNDERT ZURÜCKKOMMT:

ENTWEDER VERVIELFACHT ODER VERMINDERT?

Wenn wir über das Gesetz der Erscheinungen sprechen, stellst du fest, dass wenn du jemandem oder etwas mit echter Großzügigkeit bedenkst, du es in der einen oder anderen Form zurückbekommst.

Möglicherweise hast du auch bemerkt, dass das Äquivalent zu dem, was du zurückerhältst, nicht genau dasselbe ist.

Das geschieht wegen des Fünften Konstituierenden Gesetzes, des Gesetzes der Kettenreaktion.

Du weißt bereits, dass dank unseres Verstandes, der wie ein riesiger Transmitter arbeitet, die Gedanken, die wir aussenden eine bestimmte Wellenfrequenz haben, die von unserer Absicht abhängen.

Außerdem musst du wissen, dass alle Vibrationen anwachsende Tendenzen haben.

Vibrationen arbeiten wie Magneten. Sie ziehen gleiche Schwingungen an und werden so zu Zusammenballungen von vibrierenden Wellen.

Du hast vielleicht in deinem Leben das Phänomen beobachtet, das 'Gleiches sich zu Gleichem' gesellt. Es zieht sich gegenseitig an. Denk einen Moment darüber nach, was du mit deinen Freunden gemeinsam hast, ob es nun eine Charaktereigenschaft ist oder ein Interesse, das ihr miteinander teilt. Ihr seid sozusagen auf der gleichen Welle.

Um das Fünfte, Konstituierende Gesetz, das Gesetz der Kettenreaktion besser zu verstehen, denk an den Dominoeffekt. Stell dir vor, du hast die Dominosteine so hingestellt, dass wenn du den ersten anstößt, sich der Schlag auf den nächsten überträgt und so weiter, bis alle Steine umfallen.

So ist der Mechanismus des Gesetzes der Kettenreaktion: wenn ein Element der Materie vibriert, wird diese Schwingung zu dem nächsten Element transferiert und dann zum nächsten und so fort. Jede einzelne Aktion, jeder Gedanke bewirkt die gleiche Reaktion wie bei dem Dominoeffekt und es entsteht eine Kette von Reaktionen.

Vielleicht fragst du dich, welches Element die Schwingungen am ehesten überträgt und welches davon am ehesten betroffen ist.

Was die Elemente der Materie betrifft, so gibt das Element mit der höheren Schwingung eher seine Vibrationen weiter als das, welches niedriger vibriert.

Verwechsele nicht das Gesetz der Kettenreaktion mit dem Gesetz von Ursache und Wirkung:

Das Gesetz der Kettenreaktion konzentriert sich nicht auf Ursache und Wirkung. Es geht um die Reaktionskette, die einem Effekt folgt, und es erklärt auch ihre Natur.

Erinnere dich an das Gesetz der Erscheinungen und daran, als du großzügig etwas weggegeben hast und dafür etwas zurückbekamst. Hast du genau das Äquivalent dessen erhalten, was du weggegeben hast? Wahrscheinlich hast etwas mehr oder etwas weniger bekommen, und das geschieht aufgrund des Gesetzes der Kettenreaktion.

Um das Ganze etwas besser zu verstehen, wollen wir die folgende Situation betrachten:

Was geschieht, wenn wir etwas weggeben, nichts zurückerwarten und auch nicht auf Lob oder Dankbarkeit von anderen hoffen?

Deine Absichten am Startpunkt sind aufrichtig und großzügig. Und wegen des Gesetzes der Kettenreaktion bewirken sie, dass sich andere Energien da draußen ansammeln und sich angezogen fühlen.

Was du aussendest, kommt zu dir zurück – doch nun ist es eine ganze Zusammenballung von gleichen Vibrationen.

Du bekommst also mehr zurück als du ausgesendet hast. Mit anderen Worten: Du bekommst mehr zurück als du gegeben hast, denn deine Absicht, dein Startpunkt oder Ausgangspunkt waren rein.

Was aber geschieht, wenn du „Hintergedanken" hattest?

Das, was mit allen raffgierigen, selbstsüchtigen, unlauteren Gedanken und Taten geschieht.

Niedrige Schwingungen ziehen ebenfalls andere an, obwohl sie einen schwächeren Effekt auf höhere Vibrationen haben. Sie

ziehen die gleichen niedrigen Vibrationen an, weil auch sie dem Gesetz der Kettenreaktion unterliegen.

Du bekommst also auch in diesem Fall mehr zurück, als du gegeben hast: mehr raffgierige, selbstsüchtige, unlautere Gedanken und Taten von anderen, die dein Leben beeinflussen und dir Schwierigkeiten bereiten.

Oder wenn du vorgibst, großzügig zu sein, in Wirklichkeit aber auf einen Handel aus bist, was bedeutet, dass deine Absichten am Startpunkt nicht rein sind, da sie nicht mit deinen Taten oder Gedanken übereinstimmen. Dann bekommst du weniger zurück als du gegeben hast – oder gar nichts.

Das geschieht, wenn du einen Gedanken aussendest oder etwas tust: abhängig von deinen Absichten am Startpunkt bekommst du zurück, was du gegeben hast, nur dass es entweder mehr oder weniger ist.

Die gebündelte Eigenschaft aller Schwingungen entscheiden, was du in deinem Leben bekommst oder nicht.

Es gibt Theorien, die davon ausgehen, dass das, was du dir wünschst, von deinen Gedanken angezogen werden kann, solange du deine eigenen Schwingungen in Einklang bringst mit dem, was du dir wünschst. Oder genauer: mit den Gefühlen, die ausgelöst werden, wenn du das erreicht oder bekommen hast, was du dir gewünscht hast.

Derlei Theorien sind irreführend, weil sie von der Beobachtung ausgehen, dass Gleiches sich gegenseitig anzieht, ohne ganz zu verstehen, wie das Universale Gesetz wirklich funktioniert. Deshalb werden manche Menschen, wenn sie den Urhebern solcher Theorien Glauben schenken und versuchen an materielle Dinge zu kommen oder ihre Träume zu erfüllen, früher oder später enttäuscht.

Alles, was von der Furcht, Bitterkeit, Verzweiflung, Enttäuschung,

Habgier, dem Stolz oder Egoantrieb herrührt, ist vibrationsschwach, und weil das Gesetz der Erscheinungen und das Gesetz der Kettenreaktion am Werk ist, führt es zu keiner dauerhaften oder erfolgreichen Manifestation in der materiellen Welt.

Nur die Schwingungen mit der höheren Frequenz, wie beispielsweise reine Absichten am Startpunkt, können zu bleibenden und wertvollen Dingen führen und ein wahrhaft glückliche Leben bewirken.

Keine Reichtümer, keine Karriere oder Beziehung, die aus Wünschen mit niederen Schwingungsfrequenzen erwachsen, führen zu Glück oder lassen uns ein Leben voller Freude und Erfüllung genießen. Diese Menschen verlieren bald wieder, was sie, erreicht haben, werden ernsthaft krank oder sind enttäuscht, bitter, einsam und vergessen. Deshalb ist es so wichtig, unser Träume mit den Visionen unseres Herzens in Einklang zu bringen.

Setz immer deine Herzenswünsche vor die Wünsche des Egos. Setz dir kein Ziel und triff keine wichtigen Entscheidungen aufgrund deiner Ängste oder negativen Emotionen.

Dann und nur dann werden deine Wünsche dir Glück bringen und zu einer bleibenden Realität werden.

Das Sechste Konstituierende Universale Gesetz:

DAS GESETZ DER RÜCKKEHR ZUM SELBST

Jede unserer Aktionen und Gedanken kommt zu jeder Zeit zu ihrem Startpunkt zurück.

Dieses Gesetz funktioniert wie alle Konstituierenden, Universalen Gesetze immer und ohne jede Ausnahme.

Um das Gesetz der Rückkehr zum Selbst besser zu verstehen, sollten wir zunächst einen Blick auf die Grundlagen der Himmelsmechanik werfen, dem Zweig der Astronomie, der sich mit der Bewegung von Himmelsobjekten befasst – und insbesondere auf die Orbitalmechanik (Astrodynamik), die sich mit den Umlaufbahnen künstlicher Satelliten befasst.

Die Bewegung dieser Objekte wird gewöhnlich mit dem Newtonschen Gesetzen der Bewegung und seinem Gesetz der universalen Gravitation berechnet.

Newtons drittes Bewegungsgesetz besagt, dass wenn Körper 1 eine Kraft auf Körper 2 ausübt, Körper 2 auf Körper 1 eine Kraft gleicher Stärke ausübt, die jedoch in entgegengesetzter Richtung wirkt.

Mit anderen Worten: Für jede Aktion gibt es die gleiche, jedoch entgegengesetzte Reaktion.

Und Newtons Gesetz der universellen Gravitation besagt, dass zwei Teilchen, die durch eine Entfernung voneinander getrennt sind, mit gleichen und entgegengesetzten Kräften voneinander entlang der Verbindungslinie der Teilchen angezogen werden.

Wir erinnern uns an die Quantentheorie, dass alles, das jemals miteinander in Interaktion getreten ist, für immer miteinander verbunden, 'verwickelt' ist.

Wir haben alle Einfluss auf einander.

Und alles, was wir aussenden, senden wir gleichzeitig an uns selbst.

„'Stell dir ein Bumerang vor', sagte Rhani-yata.
Ich schaute auf und versuchte es zwischen den Bäumen des Tempelhofes fliegen zu sehen.
'Es scheint eine Schleife zu beschreiben, während es sich dreht. Es kommt dorthin zurück, woher es gekommen ist,' sagte ich. 'Ich bin mir nicht sicher, warum.'
'Die Kombination von Drehung und Vorwärtsbewegung verursacht ein ungleichmäßiges Anheben der Flügel,' erklärte der Meister. 'Zu jeder Zeit dreht sich einer der Flügel vorwärts in Flugrichtung und der andere rückwärts gegen die Flugrichtung. Das ungleiche Anheben versucht den Bumerang zu kippen. Doch so wie du dich über ein fahrendes Fahrrad beugst, das eine Kurve beschreibt, wird durch Drehen des Bumerangs die Kippkraft im rechten Winkel verdreht, und der Flug wird gekrümmt.'
Ich war von dem genialen Entwurf fasziniert. Besonders, weil die Erfinder des Bumerangs die Aborigines von Australien waren.
Wie konnten sie je auf eine solch raffinierte Idee kommen, ohne die Gesetze der Physik zu kennen? – dachte ich.
'Muss man nicht gebildet sein, um die Physik zu verstehen?' fragte ich.
'Es gibt nicht nur Menschen sondern auch Tiere, die nur durch die Beobachtung der Natur solche Dinge begreifen,' sagte der Meister.
Ich stimmte zu. Manche Vögel bauen sehr pfiffige Behausungen, fiel mir ein – und Ameisen erschaffen komplette Städte, Biber leiten ganze Flüsse um.
'Offenbar sind nicht nur die Menschen die Klugen,' meinte ich abschließend. Der Meister nickte. 'Das nächste konstituierende Gesetz basiert auf dem gleichen Prinzip des Bumerangeffekts,' sagte er. 'Alles was ausgesendet wird, kommt zum Startpunkt zurück.'
'Außer dass es durch das Gesetz der Kettenreaktion auf seinem 'Flug' verändert wird, richtig?' sagte ich glücklich, schon so viel zu wissen.
'Sehr gut,' sagte er lächelnd. 'Du siehst, es ist gar nicht so schwer,

die Gesetze zu lernen. Selbst wenn du keine Physikerin bist.'
'Hoffentlich,' seufzte ich. 'Bitte fahre fort.'
'Was du aussendest, kommt zurück,' sagte er. 'Das ist das Gesetz. Selbst wenn nichts zurückkommt, dann liegt das nur an dem Prinzip des Gesetzes der Kettenreaktion, weil die niedrigen Frequenzen der Wellen unserer Absicht sich auf dem Weg zu uns in nichts auflösen.'
'Und wie nennt man das Bumeranggesetz?'
'Das Gesetz der Rückkehr zum Selbst,' sagte er.
'Wie wahr! Alles was wir aussenden, senden wir zu uns selbst,' sagte ich mit einem breiten Lächeln.
Was immer wir anderen zukommen lassen – dachte ich – hat einen Effekt auf uns. Wir sind die finalen Empfänger unserer eigenen Ideen und Kreationen. Ich stellte mir ein Meer mit zahllosen Wellen und Wirbeln vor. An einem sonnigen Tag würde das Wasser verdunsten und zu einer Regenwolke werden. Der Regen würde zurück auf die Erde fallen. Und irgendwo in den Tiefen des Untergrunds würden Quellen entstehen und an die Oberfläche drängen, die zu Flüsschen und Strömen würden, die dann zurück ins Meer flössen.
Das Gesetz der Rückkehr zum Selbst war ganz genauso – dachte ich.“

– Aus „Der Meister und die Grünäugige Hoffnung“

Lasst uns nun einen Blick auf die visuelle Darstellung der Hochfrequenzwellen werfen. Sie sehen aus wie eine wellige Linie und der Zwischenraum zwischen jeder Welle ist sehr kurz. Gleichzeitig sind die Wellen sehr hoch:

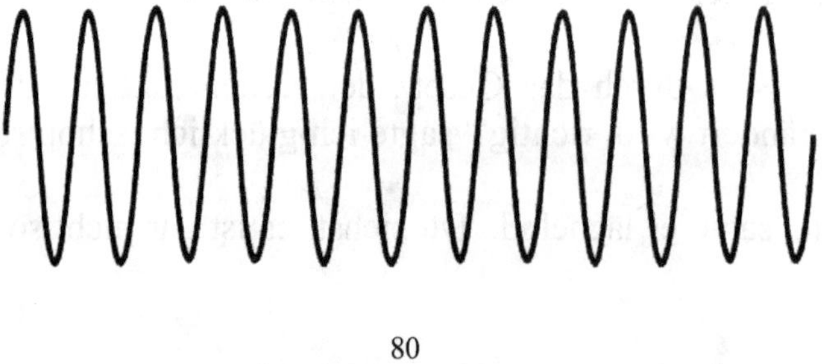

Wenn wir nun die Wellen mit niedrigen Frequenzen betrachten, so ist auch ihre Darstellung eine wellige Linie, aber der Zwischenraum zwischen den einzelnen Wellen ist größer und sie sind nicht sehr hoch:

Je niedriger die Frequenz der Wellen ist, desto größer ist der Zwischenraum dazwischen und desto niedriger sind sie.

Im Fall von ganz niedrigen Wellenfrequenzen gleicht die Darstellung fast einer geraden Linie:

Wenn die Frequenzen noch weiter abnehmen, gibt es gar keine Wellen mehr, nur noch eine ganz gerade Linie. Das heißt, die Wellen hören auf zu existieren und werden zum Nichts.

Was wir aussenden, kommt zu uns zurück, selbst wenn nichts zurückkommt. Das ist das Prinzip der Kettenreaktion: in manchen Fällen niedrigster Wellenfrequenz kommt es auf dem Rückweg zum Absender zum Nichts.

Wir können in der Welt solche Situationen beobachten, wenn eine Aktion jemanden (oder die Natur/Tiere, den Planeten) verletzt, und doch gewinnt man den Eindruck, dass diejenigen, ob es nun Individuen oder Gesellschaften sind, die solche Verletzungen verursachen, unberührt und unbeeinflusst von ihren eigenen Handlungen bleiben.

Vergessen wir jedoch nicht, dass das Universale Gesetz immer funktioniert, ohne jede Ausnahme. So verlierst du nach dem Gesetz der Erscheinungen in Wahrheit, wenn es den Anschein hat, dass du gewinnst.

So funktioniert es in diesem Fall:

Diejenigen, die schwere Schäden verursachen, senden sehr niedrig schwingende Wellen aus, die auf ihren Weg zurück irgendwann erlöschen.

Obwohl diese Menschen scheinbar Macht und Geld gewinnen, erleben sie wegen der schwachen Frequenzen niemals Glück und Erfüllung. Sie leben ein Dasein voller Stress und emotionaler Armut, die oft von der Angst um ihren Reichtum und ihren Status begleitet wird. Damit vermindern sie natürlich die Frequenz ihrer ausgesandten Wellen, anstatt sie zu erhöhen und sich weiterzuentwickeln.

Da Gleiches sich anzieht, sammeln diese Menschen mehr und mehr niedrige Wellen an und – aufgrund des Gesetzes der Kettenreaktion werden ihre Vibrationen schwächer und schwächer, bis sie aufhören zu existieren.

Wie du dich erinnerst, hängt die Langlebigkeit des Bewusstseins, das du bist, von deinen Vibrationen ab. Manche entwickeln ihrer Vibrationen zu so hoher Frequenz, dass sie ewig existieren. Und manche erlöschen eben aufgrund ihrer niedrigen Wellen.

Es ist wichtig im Gedächtnis zu behalten, dass es keine Regeln für das Verhalten des Bewusstseins gibt. Diese Regeln, seien sie nun philosophischer Art oder kommen als religiöse Doktrin daher, wurden vom menschlichen Geist ersonnen.

Wie schon erwähnt, sickerten einige der Meisterlehren der Hoffnung irgendwie durch und ihre Spuren findet man in verschiedenen philosophischen und religiösen Schriften. Diese Ansichten wurden jedoch manchmal auf der Grundlage der eingeschränkten Beobachtung der Wirkung der sieben Mächte entwickelt und sollten einer Elite dazu verhelfen, Unternehmen aufzubauen und damit Einfluss, Macht und

Reichtum zu erlangen.

Wie du leben willst, ist immer abhängig von deiner Wahl und wird es immer sein.

Das Universale Gesetz ist gerecht und unterstützt jeden, egal wie seine Wahl ausfällt.

Die 7 Mächte, die die Welt erschaffen, werden dir immer helfen, das zu sein, was du sein willst. Es hängt von dir ab, wie du dich weiterentwickeln willst.

Dein Leben ist deine ganz eigene Reise, und nur du entscheidest, wie du sie gestalten willst.

Dein Leben kann wunderschön, glücklich und erfüllend sein.

Wir alle leben in der gleichen Welt und atmen die gleiche Luft. Wir lernen voneinander und lehren einander. Wir können freundlich und stark sein, und wir können uns um einander kümmern.

Wir können auf die schönste Art und Weise Menschen sein.

Wofür du dich auch immer entscheidest, lass dein Herz sprechen, nicht die Angst, und nicht den Verstand. Angst setzt dir Grenzen, und dein Verstand trixt dich aus. Frei zu entscheiden bedeutet sich nach der eigenen Wahrheit zu richten.

INNERE REISE

SICH AUF DAS GESETZ DER RÜCKKEHR ZUM SELBST EINSTIMMEN

Such dir einen bequemen Platz, wo du ungestört während deiner inneren Reise sitzen kannst.

Nun atme ein paarmal tief durch.

Gut. Gleich werde ich dich bitten, die Augen zu schließen, sie dann wieder zu öffnen um weiterzulesen, nachdem du dir folgendes vorgestellt hast:

A: Du sitzt auf einem Berg. Den Berg gibt es nur in deiner Phantasie, doch er fühlt sich sehr real an. Von dem Berg aus kannst du den Planeten Erde vor dir sehen. Du fühlst eine Sehnsucht in deinem Herzen, weil du weißt, dass du dein wunderschönes Zuhause vor Augen hast.

B: Du legst deine Hände vor die Brust und folgst dem Rhythmus deines Herzens. Dann entscheidest du dich eine Botschaft an deine Lieben da draußen auf dem Planeten zu senden. Du willst dein Herz zum Startpunkt deiner Botschaft machen.

C: Mit all deiner Liebe schickst du folgende Worte hinüber zu deinem Planeten: „Ihr seid mir wichtig."

D: Du siehst die Worte zu dem Planeten hinüber segeln, ihn umkreisen, zu dir zurückkommen und in deinem Herzen landen. In dem Augenblick fühlst du, wie sich die liebevolle Energie, die du ausgesandt hast, auf ihrem Rückweg vervielfacht hat. Es fühlt sich an wie eine warme, mächtige Welle, die dich umfängt.

E: Nun willst du auf dem gleichen Weg noch weitere Botschaften aussenden und sehen, wie sie sich anfühlen werden. Du sendest, eine nach der anderen, die folgenden Worte aus und wartest immer, bis sie zurückkommen, bevor du die nächste losschickst:

Ich bin glücklich hier zu sein.

Ich genieße diesem Augenblick.

Ich liebe euch.

Lass dir Zeit und lies die vorherigen Zeilen, sooft du willst. Alles ist gut. Danach schließe die Augen und öffne sie wieder, wenn du die Aufgabe erfüllt hast.

Schließe JETZT die Augen.

***

Gut. Du hast die Augen wieder geöffnet. Denk über das nach, was du während deiner Inneren Reise erlebt hast, Wie deine ausgesandte Botschaft dich berührt hat. Nun weißt du, wie es funktioniert.

Alles, was du aussendest, sendest du an dich selbst.

Du kannst jetzt das nächste Kapitel lesen oder später zu diesen Zeilen zurückkehren. Es ist gut, deinem eigenen Fortschritt zu trauen.

KAPITEL 5

DIE 8 KONSTIUIERENDEN, UNIVERSALEN GESETZE

TEIL 3:

Das Gesetz der Matrix und des Volumens
Das Gesetz der Unendlichkeit

„Wir gingen zur Bibliothek und setzten uns an einen langen, hölzernen Tisch, der mindestens zwölf Personen Platz geboten hätte. Ich berührte gerne das rustikale Holz. Die zahlreichen Schrammen und Unebenheiten auf seiner Oberfläche schienen von früheren Besuchern zu berichten, die an eben diesem Tisch gesessen hatten. Er berichtete von seiner eigenen Geschichte und genau wie die Bibliothek zeichnete er die Vergangenheit auf.
Für einen Moment schwiegen wir beide und ich hatte Zeit die natürliche Stille des Raumes auf mich wirken zu lassen.
'Wenn du dich hier umschaust, was siehst du?'
'Die Geschichte der Vergangenheit. Und die Geschichte des

Verstandes,' sagte ich.
'Ja. Das ist im Großen und Ganzen das, was du hier findest,' nickte der Meister.
'Nun stell dir die Kosmische Energie vor, die den gleichen Besitz aufweist wie die Bibliothek hier. Sie ist in der Lage, jede einzelne Aufzeichnung eines Gedankens oder einer Tat zu speichern.'
'Nun, es wäre ziemlich schrecklich, wenn das der Fall wäre,' sagte ich und schüttelte den Kopf.
'Aber so ist es,' sagte er.
'Wie gnadenlos!' Ich war angewidert.
'Wie weise und freundlich', antwortete er.
Er zwang mich nachzudenken. Und er machte mich neugierig."

– Aus „Der Meister und die Grünäugige Hoffnung"

Das Siebte Konstituierende Universale Gesetz:

DAS GESETZ VON MATRIX UND VOLUMEN

Die einzige Möglichkeit, etwas über die meisten Dinge zu lernen, ist durch die Beobachtung, welcher Art die Muster sind, die sie hinterlassen und die wir lesen, analysieren und interpretieren können.

Zum Beispiel: niemand hat je ein Atom oder ein Elektron gesehen und doch wissen wir, dass sie existieren und wir können sie darstellen.

Ernest Rutherford hat in seinem berühmten Experiment in den Zwanzigerjahren Alphapartikel (noch andere so winzige Dinge, die wir nicht sehen können) auf eine Goldfolie gefeuert. Dann schaute er sich das Muster an, das sie auf der Folie hinterlassen hatten und fand heraus, dass das Muster anzeigte, dass die Atome von Gold ein positiv geladenes, dicht gepacktes Muster hatten.

Muster und Eindrücke zeigen uns nicht nur, wie Dinge (oder Partikel) sich verhalten, sondern auch ihre Qualität. Mit anderen Worten: sie erzählen uns die Geschichte, die wir daraus lesen können. In ähnlicher Weise blicken die Astronomen in den Weltraum und damit tief in die Zeit und beziehen ihre Informationen aus dem CMB-Sättigungsraum (Kosmischer Mikrowellenhintergrund), der etwa 378.000 Jahre nach dem Urknall begann.

Lasst uns nun zu unseren Gedanken und Aktionen zurückkehren und schauen, welchen Eindruck sie auf dem kosmischen Energiefeld hinterlassen und warum alles, was wir tun und denken, einen solch enormen Effekt auf uns und unsere Realität hat und was wir an jedem Tag unseres Lebens erfahren.

Die Aufzeichnungen, die in der Kosmischen Energie gespeichert sind, dienen nicht nur der Erinnerung aller vergangenen Aktionen und Gedanken:

Alle Gedanken und Taten werden zur Matrix, zum Fußabdruck oder zur Gussform, um die Ergebnisse zu erzielen, die durch vergangene Aktionen oder Gedanken hervorgerufen wurden.

Die Ergebnisse aller Gedanken und Taten kommen zu denen zurück, die sie verursacht haben. Wie ein Echo folgen sie der Quelle. Und wie ein Echo können sie größer an Volumen sein als das Original.

Das Echo kann dich manchmal überwältigen oder dich umhauen, wenn sein Volumen durch das Gesetz der Kettenreaktion vergrößert wurde. Manche sagen, in solch einer Situation, „sein Karma hat ihn eingeholt“ und „dass er nun für das bezahlt, was er getan hat“.

„Wir nennen es das Gesetz der Matrix und des Volumens', fuhr der Meister fort. 'Es ist verbunden mit dem Gesetz von Ursache und Wirkung, auch das Gesetz des Karmas, wie manche vorziehen es zu nennen, und es ist verantwortlich für alle Ereignisse, die in der Kosmischen Energie aufgezeichnet sind und deren 'Echo' als Ergebnis zu ihrer Quelle zurückkehrt.'
'Dann entscheiden diese beiden verknüpften Gesetze,' sagte ich, 'ob wir für all das, was wir getan haben, belohnt oder bestraft werden.'
Der Meister schüttelte den Kopf. 'Es gibt keine Bestrafung oder Belohnung für irgendetwas. Das sind Konzepte des Verstandes. Die Dinge geschehen so, weil alles in der materiellen Welt den Gesetzen unterliegt. Das ist alles.'"

– Aus „Der Meister und die Grünäugige Hoffnung"

Unter bestimmten Umständen kann die durch die kosmische Energie erzeugte Matrix geändert werden, so wie jede Form geändert werden kann.

Aber nur diejenigen, die auf einer fortgeschrittenen Stufe die Gesetze der Materie kennen, sind vielleicht in der Lage, Veränderungen herbeizuführen. Es ist möglich und einige Meister haben es unter besonderen Umständen praktiziert, wenn sie das Gefühl hatten, ihre Intervention sei von Vorteil.

Manchmal wurde ein solches Eingreifen von Menschen mit wenig Kenntnis der Gesetze, die die Kosmische Energie beeinflussen, als „Wunder" wahrgenommen oder als „Antwort auf Gebete".

Man muss aber sehr vorsichtig sein, wenn es um die Veränderung der

Matrix geht. Es ist nicht empfehlungswert jemandes Karma ohne tiefere Kenntnis aller 7 Mächte und aller Konstitutionellen, Universalen Gesetze der spirituellen Welt (nicht nur die Materie) zu verändern. Und die Gesetze der spirituellen sind noch komplexer als die der materiellen Welt, von denen wir hier sprechen.

Ein unangemessenes Eingreifen kann jemanden seiner Erfahrungen berauben, die zu seinem Wachstum nötig sind. Vergiss nicht, dass man ohne Wachstum seine Schwingungen nicht erhöhen kann.

Wir wachsen dadurch, wie wir uns selbst erfahren. Die Konsequenzen unserer Gedanken und Taten um jeden Preis zu vermeiden ist spirituell unreif, weil wir uns damit weigern, unsere eigene Macht anzuerkennen, die es uns ermöglichen würde zu erfahren, wer wir sind.

Jede Erfahrung ist wichtig.

Auch die, die wir für unangenehm oder peinlich halten. Es gibt keine guten oder schlechten Ereignisse – alle sind Gelegenheiten zu wachsen.

Jemandes Karma zu verändern unterbricht nicht nur seine Entwicklung. Es beeinflusst auch andere gemäß des Gesetzes der Kettenreaktion. Dies kann einen langen und manchmal irreversiblen Strom von Dominoeffekt-Wellen verursachen, die in der kosmischen Energie erzeugt werden und die Evolution sogar einer ganzen Gesellschaft oder eines ganzen Planeten beeinträchtigen.

Zudem würde die Unterbrechung der Gelegenheit zu wachsen den Fortschritt verwerfen, die Zweite Macht, die die Welt erschafft (Kapitel sieben). Wir dürfen nicht vergessen, dass wir immer mit den 7 Mächten in Einklang sein müssen, wenn wir uns einer harmonischen und ununterbrochenen Evolution versichern wollen.

Das Gesetz der Matrix und des Volumens wie alle Konstituierenden, Universalen Gesetze, wurden entworfen, damit sie uns helfen unser Bewusstsein zu erweitern, das wir sind und einen harmonischen Kreislauf des Schöpfungsrades zu sichern.

Wir sind alle Teil dieses wunderbaren Designs, das gleichzeitig Entwurf und Schöpfer ist, das heißt das Design, das sich selbst erschafft.

Wir sind alle miteinander verbunden und haben alle die Chance zu wachsen, um dazu beizutragen, wie wir werden können. Sobald wir das als das Bewusstsein, das wir sind, ganz verstehen, erweitern und verewigen wir unsere Existenz, während wir ganz neue Möglichkeiten für den gesamten Entwurf erschaffen.

Das Achte Konstituierende Universale Gesetz:

DAS GESETZ DER UNENDLICHKEIT

„Es verändert sich also für die materielle Welt niemals etwas?'
'Das kommt darauf an', sagte er mit seiner üblichen, sachlichen Stimme.
'Auf was?' Meine Hoffnung stieg wieder.
'Ob alle Materieteilchen lernen, wie man das Gesetz anwendet und sich davon befreien: bis dahin wird sich nach dem letzten der konstituierenden Gesetze, dem Gesetz der Unendlichkeit nichts in der materiellen Welt ändern.'
'Erzähl mir mehr über dieses Gesetz', bat ich."

– Aus „Der Meister und die Grünäugige Hoffnung

Seit Jahrhunderten rätseln Philosophen über die Natur der Unendlichkeit, die für ein abstraktes Konzept, für etwas gehalten wird, das keine Grenzen hat oder größer ist als jede vorstellbare Zahl.

Wie fühlst du dich oder was denkst du bei dem Wort „Unendlichkeit“?

Was bedeutet es für dich, das heißt, wenn es dir überhaupt etwas bedeutet?

Hast du jemals etwas erlebt, das dich veranlasst hat, über die Unendlichkeit nachzudenken oder sie dir vorzustellen?

Während wir in einer endlichen Welt leben, haben wir offenbar wenig Grund uns mit einer derartig abstrakten Idee auseinanderzusetzen. Und doch bringen wir uns öfter mit der Unendlichkeit in Verbindung, als wir meinen. Beispielsweise glauben wir eine ganze Weile, nämlich solange bis wir älter werden, dass unsere physische Existenz niemals endet und benehmen uns auch danach. Es ist tatsächlich schwieriger für einen Menschen sich vorzustellen, er sei nicht vorhanden als zu glauben, dass sein Leben niemals endet.

Außerdem sind wir schockiert, erschüttert und oft voller Angst, wenn wir mit jemandes Tod oder unheilbarer Krankheit konfrontiert werden, als sei das etwas ganz und gar Unnatürliches.

Es scheint, dass Nichtexistenz in der physischen Welt abstrakter ist als Unendlichkeit.

<u>Lass uns einen Blick werfen auf das, was Wissenschaftler, Philosophen und Theologen über Unendlichkeit gesagt haben:</u>

- Zeno von Elea (490 -430 vor Christus) führte zuerst das Konzept der Unendlichkeit in der westlichen Welt ein (obwohl schon einige Jahre davor von „Grenzenlosigkeit“ der Existenz die Rede war.

- Phythagoras (570 – 495 vor Christus) entdeckte die irrationalen Zahlen, Zahlen, die unendlich weitergehen.
- Mahavira (599 . 427 vor Christus) auch bekannt als Vardhamana, indischer Philosoph und Gründer einer der ältesten Religionen, dem Jainismus. Anhänger glauben dass Gewaltlosigkeit und Selbstkontrolle zur Befreiung führen, wie Martin Luther King und Mahatma Gandhi, berühmte Anhänger dieser Glaubensrichtung. Mahavira spekulierte darüber, was ohne Ende und grenzenlos ist. Er unterschied auch zwischen den verschiedenen Unendlichkeiten: der unendlichen Länge, der Unendlichkeit eines Gebietes, des Volumens, der immerwährenden Unendlichkeit.
- Aristoteles (383 – 322 v.Ch.) argumentierte, dass es einen Unterschied zwischen tatsächlicher und potentieller Unendlichkeit gibt: tatsächliche Unendlichkeit ist etwas Vollendetes, Abgeschlossenes und enthält unendlich viele Elemente. Potentielle Unendlichkeit ist etwas, das niemals vollendet ist: mehr und mehr Elemente können hinzugefügt werden, aber niemals eine unendliche Summe.
- Thomas von Aquin (1225 – 1274) Philosoph und Theologe, unterschied zwischen der mathematischen und der religiösen oder philosophischen Unendlichkeit. Er sagte, er sei nicht an Quantität sondern an Qualität der Existenz interessiert und dass eine bestimmte Art der Existenz Gott von allem anderen unterscheidet, Gott, der die vollkommene Existenz ist.
- Nicolas von Cusa (1402 – 1464) Philosoph und Theologe, verwendete die Mathematik um die Beziehung zwischen Gott und der Welt zu beschreiben. Er erklärte, dass das Unendliche keine Grenzen hat und deshalb müsse unendlich innerhalb des Unendlichen sein. Gott ist der Kreis, dessen Mittelpunkt überall

ist, und sein Kreisumfang nirgends. Nach seiner Theorie kann nichts außerhalb von Gott sein.

- Baruch Spinoza (1632 . 16779), Philosoph; in seinem Werk „Ethik, in geometrischer Ordnung gezeigt“ sagt er, dass Gott die eine, unendliche Substanz ist, es könne keine andere als diese geben. Die Substanz muss unendliche Attribute haben, und wir können keine von ihm getrennten Wesen sein, wir müssen also aus dem Einen geformt sein. Er nimmt Gott als ein nicht transzendentes Wesen wahr, aber absolut eins mit der Natur. Er sagt, wir müssen nach den Gesetzen der Natur leben, um Teil des unendlichen Ganzen zu sein.

Das Konzept der Unendlichkeit als Idee bleibt eine Herausforderung für Philosophen, Mathematiker und Physiker. Die Diskussionen dauern an und viele neue Einsichten und wissenschaftliche Theorien treten zutage.

Alle großen Weltreligionen haben schon auf die eine oder andere Weise tausende von Jahren lang über die Unendlichkeit gesprochen. Jüdisch-Christliche Religionen glauben an den gleichen unendlichen Gott. Das schließt das Judentum, die Christenheit und den Islam ebenso wie den Baha'i-Glauben und die Rastafari-Bewegung ein. Einige Schulen des Buddhismus plädieren für einen unendlich fortdauernden Existenzzustand (vorwärts und rückwärts), der kein Zentrum und überhaupt keine permanente Einheit hat.

Bei all diesen Glaubensrichtungen finden die Menschen Trost in dem Wissen um die Fortdauer der Existenz ihrer Seele entweder im Himmel oder in einer anderen, unsichtbaren Welt nach ihrem physischen Tod, egal, wie diese Welt genannt wird.

Außerdem nimmt man an, dass der Fortbestand der Seele von der Lebensführung während des physischen Daseins abhängt . Das heißt, dass die Wirkung der Konstituierenden, Universalen Gesetze –

(insbesondere des Gesetzes der Kettenreaktion, des Gesetzes der Erscheinungen und des Gesetzes der Matrix und des Volumens) – schon von den Gründern vieler Glaubensrichtungen beobachtet und in ihre Theorien über das Leben nach dem Tode eingebaut wurden. So können wir Spuren von Erklärungen der Meisterlehren der Hoffnung, Erklärungen der 8 Konstituierenden, Universalen Gesetze in den verschiedensten Formen zwischen den religiösen Texten und alten, philosophischen Schriften finden. Zum Beispiel, wie schon in Kapitel 1 erwähnt, finden wir in der Bibel eine Form der Definition der Unendlichkeit:

Matthäus, Vers 5,17 und 5,18: Ich bin nicht gekommen um abzuschaffen sondern um zu erfüllen. Denn wahrlich, ich sage euch, bevor Himmel und Erde vergehen, wird nicht der kleinste Buchstabe des Gesetzes vergehen, bevor nicht alles erfüllt ist.

Wir alle unterliegen den 8 Konstituierenden, Universalen Gesetzen, egal wie sie von jenen interpretiert wurden, die einige ihrer Wirkungen in der materiellen Welt beobachteten. Die Gesetze wirken immer, ob wir uns dessen bewusst sind oder nicht und sie beeinflussen uns ständig.

Das Achte Konstituierende Universale Gesetz, das Gesetz der Unendlichkeit, sagt uns, dass nichts an der Funktionsweise der Dinge in der materiellen Welt geändert werden kann, bis jedes einzelne Teilchen sich transformiert und sich von den Auswirkungen des Universalen Gesetzes für Materie und ihrer Bestandteile befreit.

Es scheint, dass wir uns klar machen müssen, wie wir unsere Wirklichkeit erschaffen und mit erschaffen, um ein glückliches und bewusstes Leben führen zu können, das voll ist vor Erfahrungen, die unser Wachstum garantieren.

Es ist nicht so schwer wie es scheint. Es genügt, es sich klar zu machen und die 8 Konstituierenden, Universalen Gesetze zu beachten. Sie verhelfen dir zu einem besseren Leben, wenn wir es nur gestatten.

Wir sind hier auf diesem Planeten um uns zu erfahren und uns auf die beste und schönste Weise auszudrücken.

Wir sind Menschen und in uns schlummert unser bestes Potential.

Und solange wir uns entwickeln und die Frequenzen unserer Wellen erhöhen, werden wir fortbestehen als Bewusstsein, das wir sind.

„Die Wahrnehmung deines gegenwärtigen Du wird bestimmt von deinen Erinnerungen und deinen Erwartungen', sagte der Meister. 'Es ist das Konzept von dir selbst, das du hast und es basiert darauf, wir du dich in Erinnerung behalten möchtest und wie du in der Zukunft erwartest zu sein'.
Ich nickte mit einem Lächeln. 'Achte stets auf deine Absichten im 'Hier und Jetzt'. Erfahre und schätze dich als menschliches Wesen. Jeder von euch ist sehr mächtig. Du musst dich nur daran erinnern, dass du diese Macht schon hast und gebrauche sie mit Liebe.'“

– Aus „Der Meister und die Grünäugige Hoffnung“

KAPITEL 6

ANERKENNEN UND IM GLEICHKLANG SEIN MIT DEM UNIVERSALEN GESETZ

Du kannst wählen, wie du in der Zukunft sein möchtest, egal, was in der Vergangenheit geschehen ist

„Du hast die Reise wegen deiner Seele angetreten. Weder Erfolg noch Versagen war wichtig für dich. Du hast die Wahl getroffen, deine Existenz zu genießen, sie zu leben und weiter dein Bewusstsein zu erweitern. Dein Ziel war, deiner Bestimmung zu dienen, nicht deinen Befürchtungen und Ambitionen'.
'Dann ist das Konzept der Welt nicht nur von unseren vergangenen Erfahrungen bestimmt', sagte ich. 'Unser Bewusstsein kann das alles außer Kraft setzen. Wenn ich mein Bewusstsein erweitere, verändert sich mein Konzept von der Welt.'“

– Aus „Der Meister und die Grünäugige Hoffnung“

Mit der Erweiterung deines Bewusstseins geht natürlicherweise die Freiheit von allen Beschränkungen einher. Je bewusster du deiner Absichten, Emotionen und dem Resultat deiner Gedanken und Taten bist, desto mehr kannst du deine Existenz genießen. Wenn du im Einklang mit den 7 Mächten bleibst, bist du in der Lage, bewusste Entscheidungen über dein Leben zu treffen, anstatt auf Autopilot zu funktionieren und dich von deiner unterbewussten Programmierung leiten zu lassen.

Du bist hier, um eine wunderschöne Erfahrung von dir selbst zu machen, sodass du in dieser Lebenszeit zu deinem vollen Potential heranwachsen kannst. Du bist hier, um die Erfahrung zu genießen, damit du die Frequenzen deiner Vibrationen erhöhen kannst. Die 7 Mächte sind dir auf deiner Reise behilflich, damit du dein Potential zum Vorteil aller ausschöpfen kannst.

Nicht im Einklang mit den 7 Mächten zu sein hat Konsequenzen, denn so ist das Design aufgebaut.

Dein Chakrensystem ist direkt mit den 7 Mächten verbunden und es bleibt nur dann im Gleichgewicht, wenn du mit ihnen im Einklang bist. Jedes Chakra „kommuniziert" mit einem der Mächte.

In Kapitel 2 (Fragment von „Der Meister und die Grünäugige Hoffnung") hast du erfahren, dass die sich drehenden Chakren sich wie „Generatoren" für deine eigenen Vibrationen verhalten und gleichzeitig den „Eingang" oder „Empfänger" der Vibrationen von andern bilden. Sie ermöglichen das Ein- und Ausströmen Kosmischer Energie und anderer Energiewellen wie beispielsweise die des Bewusstseins und des Unterbewusstseins.

Jede Störung in den Chakren verursacht eine Fehlfunktion im ganzen System und beeinflusst direkt dein Leben in negativer Weise.

Wenn ein Chakra beschädigt ist, gewöhnlich wegen des Empfangs einer niedrig schwingenden Welle – du musst dir den Schaden wie ein Durchlöchern vorstellen – dann versucht das gesamte System, sich zu reparieren, und es produziert eine Art „klebriger" Energie, um die Löcher zu stopfen.

Unglücklicherweise muss diese Energie, um effektiv sein zu können, sehr dicht sein und ihre Vibrationen sind deshalb sehr niedrig.

Wir nennen diese Energie „Schatten", und wir sagen, dass sie ihren Sitz im Unterbewusstsein haben, weil diese „klebrige" Energie direkt das Unterbewusstsein beeinflusst. Die niederfrequenten Vibrationen des Schattens beeinflussen das Leben eines Menschen und seine Entwicklung enorm, da etwa 90% seiner Überzeugungen, Emotionen, Gewohnheiten, Abwehrmechanismen, automatischen Reaktionen, seiner Vorstellungskraft und Intuition, etc. vom Unterbewusstsein bestimmt werden.

Denk an all den Schmerz und das Leiden auf dem Planeten: es rührt her von schwer beschädigten Chakren derer, die die Schatten bei sich im Unterbewusstsein beherbergen. Von ihnen gelenkt, entscheiden sie nicht länger bewusst. Stattdessen werden sie blind mit all ihren Befürchtungen und ihrem Ärger von ihrem Ego getrieben (unser Ego übernimmt immer die Regie, wenn niederfrequente Wellen im Spiel sind, weil es sein Bestreben ist, in der materiellen Welt zu überleben. Die niederfrequenten Wellen dienen unserem Antrieb, unser Überleben zu sichern, einschließlich des Strebens nach Sicherheit, Autorität, Status, finanziellen Dingen, etc. Mehr über das Ego und seine Rolle ist Thema im Kapitel 7). Menschen, die von ihren unterbewussten Schatten kontrolliert werden, können niemals wirklich glücklich zu sein, egal wie erfolgreich sie sind oder was sie erworben haben, und sie tragen auch noch zu Leiden anderer bei. Natürlich hört das Bewusstsein, das sie sind, früher oder später auf zu existieren, wenn sie sich nicht entwickeln

Was kann man dagegen tun?

Schatten, die Teil des ganzen Systems sind, kann man nicht besiegen oder zerstören. Sie können nur transformiert werden, d.h. Ihre niederfrequenten Wellen können in hochfrequente Wellen transformiert werden. (Du kannst auf meiner offiziellen Site unter H.O.P.E. Assn. tab. in der Abteilung Events & Workshops „Shadow Transformation Banner Method“ vieles darüber erfahren.)

Was geschieht, wenn wir nicht im Einklang mit der Ersten Macht sind?

Das Universale Gesetz ist mit dem ersten Chakra, dem „Wurzelchakra“ verbunden.

Manche Menschen sprechen davon, dass es sich am Ende unserer Wirbelsäule befindet, obwohl das nicht ganz richtig ist – Chakren sind nicht auf diese Weise mit dem physischen Körper verbunden – aber es hilft uns, sich das Chakrensystem besser vorstellen zu können.

Wenn es der Ersten Macht nicht gelingt frei durch das „Wurzelchakra“ zu fließen, kann es sein, dass du eine Reihe von Symptomen an dir bemerkst. Beispielsweise haben viele Heiler eine Fehlfunktion der Niere mit der Funktionsstörung des ersten Chakras in Verbindung gebracht, auch Rückenprobleme, Autoimmunerkrankungen, Krebs, AIDS, Arthritis, Fettleibigkeit, chronische Müdigkeit, etc.

Darüber hinaus kannst du Probleme im Zusammenhang mit der Sicherheit haben und von unbewussten Überlebensängsten getrieben werden.

Der Schlüssel ist sicherzustellen, dass du dich nicht mehr auf die Probleme, emotionalen Wunden und Traumata in deiner Vergangenheit konzentrierst.

Du kannst entscheiden, wie die Zukunft sein soll, egal, was in der Vergangenheit geschehen ist.

Du kannst Mittel und Wege finden, die dir helfen, die negativen Blockaden deines Unterbewusstseins zu überwinden (das Beste sind geführte Meditationen, tägliche Affirmationen und Aufnahmen auf MP3s, die unterschwellige, positive Botschaften vermitteln). Und natürlich wird es helfen deine Schatten zu transformieren. Dann kannst du deine Vibrationen steigern und dich entwickeln.

Um dein „Wurzelchakra“ ins Gleichgewicht zu bringen, kannst du folgendes versuchen:

- Physische Aktivität, Massage, gärtnern

- Reduziere den Konsum von Actionbücher und -filmen und schau keine Nachrichten im Fernsehen

- Hör dir die Volksmusik aus Afrika, den Indianern, den Aborigines, Ozeaniens mit den einfachen Musikinstrumenten wie Fagott, Didgeridoo oder Trommeln an

- Hör dir 396 HZ Solfeggio-Frequenzen an. Sie werden beim der Klangheilung verwendet

- Urlaubstips: Afrika, Australien, Amerika, Ozeanien

- Unterhaltung: Konzerte von indigenen, Eingeborenengruppen, Dokumentationen und Filme über Eingeborenenstämme und Natur

- Sammele Kunstgegenstände aus Afrika, von den Indianern, Aborigines, aus Ozeanien

- Lies Bücher und schau dir Filme an, die Geschichten von Menschen, behandeln, die mit ihrer Heimat, dem Planeten Erde verbunden sind

- Alles andere, was du Hilfreiches zum Ausbalancieren deines Wurzelchakras finden kannst: spezielle Speisen,, Gewürze, Edelsteine, Metalle, oder Duft-/Aromatherapien. Es gibt viele Informationen in den entsprechenden Büchern und Artikeln. Einige suchen auch Rat bei einem vertrauenswürdigen Reiki-Meister oder einen Energie-Heiler

INNERE REISE

DEIN WURZELCHHAKRA ÖFFNEN, DAMIT DAS UNIVERSALE GESETZ FREI FLIEßEN KANN

Nimm eine bequeme Position ein, vorzugsweise im Liegen. Wenn du bereit bist, hol mehrmals tief Atem.

Schritt 1:

Gleich werde ich dich bitten die Augen zu schließen und sie wieder zu öffnen um weiterzulesen, nachdem du dir folgendes vorgestellt hast:

A: Du schwebst gemütlich horizontal in der Luft, gerade ein paar Zentimeter über der Stelle, wo du gerade liegst. Es ist ein sehr angenehmes und beruhigendes Gefühl.

B: Wie du so dahingleitest, wird dir mehr und mehr die Kosmische Energie bewusst. Mit jedem Atemzug kannst du jetzt „fühlen“, wie sie deinen ganzen Körper mit einer sanften, friedlichen Welle umgibt.

C: Nach einigen Atemzügen spürst du noch etwas anderes: die friedliche

Welle, die deinen Körper umgibt, „besteht“ aus weißem Licht. Nun fühlst und siehst du mit jedem langsamen Atemzug die Kosmische Energie.

D: Bleib eine Weile in diesem Prozess und zähl jeden Atemzug im Geist – von 1 bis 10.

Lies das oben Beschriebene sooft durch, wie du magst. Du hast keine Eile. Alles ist gut. Schließe die Augen und öffne sie wieder, wenn du die Aufgabe beendet hast.

Schließe JETZT die Augen.

***

Gut. Du hast die Augen wieder geöffnet. Atme langsam und tief weiter.

Schritt 2:

Gleich wirst du deine Augen wieder schließen, dir folgendes vorstellen und danach die Augen wieder öffnen um weiterzulesen.

A: Du schwebst weiter in der Luft. Nun stell dir einen wunderschönen, glänzenden „Whirlpool“ am Ende deiner Wirbelsäule vor. Auch der ist aus weißem Licht. Konzentriere dich darauf und lass ihn gleichmäßig im Uhrzeigersinn wirbeln.

B: Stell dir vor, dass der „Whirlpool“ anfängt, sich schneller zu drehen und dass er einen Strom hellen Lichtes anzieht, das anders ist als die Kosmische Energie, die deinen Körper umfängt.

C: Der Lichtstrom lässt den „Whirlpool“ am Ende deiner Wirbelsäule viel heller erstrahlen und vermittelt dir ein Gefühl von Sicherheit und ultimativer Freiheit.

D: Bleib in den Gefühl und dem Prozess, während du folgende Worte in Geist wiederholst:

„Ich bin im Einklang mit dem Universalen Gesetz. Ich heiße seine Geschenke willkommen und wertschätze seine Weisheit. Ja, ich bin bereit meine eigene Macht anzuerkennen und mein Leben auf die schönste Weise zu leben."

Genieße den Augenblick, solange du willst. Fühle deine eigene Macht und wisse, dass du dein Leben auf jede Weise verändern kannst, die dir gefällt. Natürlich bleibst du dabei immer im Einklang mit dem Universalen Gesetz.

Lies die einzelnen Schritte durch, sooft du magst. Du hast keine Eile, denn alles geschieht so, wie es geschehen soll. Alles ist gut.

Danach schließe deine Augen wieder und öffne sie, wenn du die Aufgabe beendet hast.

JETZT schließe die Augen.

***

Gut. Du hast die Augen wieder geöffnet. Komm später zu diesen Zeilen zurück, oder lies dir alles noch einmal durch, ganz wie du willst. Du weißt genau, was das Beste und Angemessenste für dich ist.

DEINE EIGENE MACHT STÄRKEN, INDEM DU DICH EINSTIMMST AUF DAS UNIVERSALE GESETZ

Wenn du Entscheidungen über dein eigenes Leben triffst, hat niemand je Macht über dich, ob es nun ein Wohltäter ist oder ein Feind.

Du und nur du kannst an jedem beliebigen Punkt entscheiden, wie deine Erfahrungen in der materiellen Welt aussehen sollen.

Und je mehr du im Einklang mit den 7 Mächten bist, desto mehr Einfluss hast du sowohl in diesem als auch in anderen möglichen Leben auf dein eigenes Schicksal.

Hier ist eine kurze Geschichte über eine angenommene Situation:

Erinnere dich an alles, was du über die 8 Zusammengesetzten, Universalen Gesetze erfahren hast, denn du wirst aufgefordert werden, die Situation zu beurteilen und am Ende eine Entscheidung zu treffen, die auf diesem Wissen basiert.

Stell dir vor, du stehst in einem Gerichtsgebäude

Vor dir steht ein Mann (es kann natürlich auch eine Frau sein, aber wir bleiben beim Er), der sich eines Verbrechens schuldig gemacht hat. Dabei handelte es sich um ein Gewaltverbrechen und du warst das Opfer. Du hast keine Wunden davongetragen, doch wenn der Täter Erfolg gehabt hätte, wärst du jetzt tot. Nun wird dem Täter der Prozess gemacht und du bist der Richter.

Es sitzen mehrere Zuhörer im Gerichtssaal. Sie haben sich zusammengefunden, um von dir etwas über die Weisheit und die Macht des Universalen Gesetzes zu erfahren. Alles was du in diesem Gerichtssaal sagst und tust, ist eine Präsentation dessen, wie die Konstituierenden, Universalen Gesetze arbeiten.

Du schaust den Täter an, der schweigt. Er schaut dich nur an und wartet auf dein Urteil. Er hat es nicht geschafft dich zu töten und nun hängt sein Schicksal von deiner Entscheidung ab. Vergiss nicht, dass du noch nicht außer Gefahr bist, da diese Person dich vielleicht wieder angreifen wird.

Du hast in diesem Gericht nur zwei Wahlmöglichkeiten: entweder du vergibst dem Täter und wirst so zu seinem Lehrer oder du kannst ihn als Strafe für sein Vergehen töten.

Bitte beachte aus der Sicht der spirituellen Logik, dass zwischen dem Todesurteil und dem tatsächlichen Töten der Person kein Unterschied besteht.

Und weil das nur eine Übung ist, geben wir dir keine Möglichkeit ein Todesurteil zu fällen. Du kannst den Täter nur töten.

Wenn du dich dazu entschließt den Täter zu töten, kannst du vielleicht mit dem Ärger und der unmittelbaren Gefahr umgehen. Du knüpfst jedoch gleichzeitig eine karmische Bindung mit ihm und ihr müsst euch wieder und wieder treffen, an anderen Orten und zu anderen Zeiten, in anderen möglichen Lebenszeiten.

Und das hängt mit dem Gesetz von Ursache und Wirkung, dem Gesetz der Kettenreaktion, dem Gesetz der Matrix und des Volumens und dem Gesetz der Unendlichkeit zusammen.

Basierend auf deiner Entscheidung ihn zu bestrafen, also ihn zu töten, tritt sozusagen das Gesetz der Unendlichkeit in Kraft, es festigt die Bindung zwischen dir und dem Täter. Ihr werdet gemeinsam immer und immer wieder reinkarnieren und das Muster gegenseitiger Abhängigkeit, die auf Angst, Zorn und verschiedenen Arten von Gefahren basiert, wiederholen. (Es liegt daran, dass nach dem Gesetz der Unendlichkeit für Materie das, was nicht durch Ausschalten der Illusion von Materie umgewandelt wird, in die Illusion von Materie eindringt. Dein Akt des Tötens transformiert nicht die Qualität der Vibration, die in der Bindung zwischen dem Täter und dir enthalten ist).

Wenn du dich entscheidest dem Täter zu vergeben und sein Lehrer sein willst, wirst du für das Wachstum dieser Person das ganze Leben verantwortlich sein. Das heißt, du unterrichtest den Täter, was ihm beim Wachstum hilft und dich gleichzeitig von weiteren karmischen Bindungen mit dieser Person befreit.

Das wieder hängt mit dem Gesetz von Ursache und Wirkung, dem Gesetz vom Entstehen, Wachsen und Vergehen, dem Gesetz der Erscheinungen, dem Gesetz der Rückkehr zum Selbst und dem Gesetz der Matrix und des Volumens zusammen. Das Gesetz der Unendlichkeit wird in diesem Fall nicht deine karmischen Bindungen mit dem Täter fortsetzen und deine Erfahrung ist beendet.

Vergiss nicht, dass deine Vergebung keine Garantie dafür ist, dass der Täter dich nicht doch wieder angreift. Sie befreit dich aber sicher von der Wiederholung der Muster gegenseitiger Abhängigkeit, die auf Zorn, Furcht und Gefahr basierte und du brauchst diese Person nie wieder in irgendeinem Leben zu treffen. Aber auch nur, wenn deine Vergebung von Herzen kommt und nicht aus Angst, die karmischen Bindungen an den Angreifer und die daraus resultierenden Konsequenzen fortzusetzen (denk an das Gesetz der Erscheinungen).

Du kommst dem Angreifer näher, der deine Entscheidung erwartet. Du nimmst an, dass du im Augenblick sicher bist, da er dich während der Gerichtsverhandlung nicht angreifen wird, aber du fühlst dich trotzdem unwohl.

Du schaust ihm in die Augen. Sie sind wie ein Spiegel, in denen du die gleiche Furcht erkennst, wie du sie in dir spürst.

Erinnere dich, dass das, was in unserem Leben geschieht, niemals eine Bestrafung oder eine Belohnung ist. Alles was wir denken oder tun, bleibt den Bestandteilen des Universalen Gesetzes unterworfen. Das ist alles.

Du brauchst niemandem mit deiner Entscheidung zu gefallen und niemand wird dich für das, was du entscheidest, bei- oder verurteilen. Du hast eine Wahl und alles, was du hier tust, ist lernen und dich entwickeln. Das Gleiche gilt für die Zuhörer im Gerichtssaal. Sie lernen von deinen Aktionen und Gedanken. Egal, wofür du dich entscheidest, Es ist einfach nur eine Demonstration dessen, wie das Universale Gesetz arbeitet.

Gleich werde ich dich bitten dein Lesen zu unterbrechen und eine Pause zu machen. Sei ehrlich mit dir, egal wir du dich entscheidest. Triff deine Wahl, wenn du dazu bereit bist und lies weiter, wenn du das getan hast.

Hör JETZT auf zu lesen.

***

Gut. Du bist zurück und hast deine Wahl getroffen.

In dieser erfundenen Geschichte hast du keinen Fehler gemacht. Du hast spirituelle Weisheit erlangt und deine Macht über dein eigenes Schicksal kennengelernt.

Jetzt hast du die Übung beendet.

Entspann dich und atme tief durch. Alles ist gut. Alles ist so, wie es sein soll.

Vervollständige in den nächsten Tagen deine Macht und (überlege dir) wie du dich weiter im Leben ausdrücken willst.

Was ist es, das du wirklich willst? Was brauchst du wirklich? Nimm wahr, dass dich deine physische Welt, obwohl sie nur eine Illusion ist, mit Gelegenheiten versorgt, die dir helfen zu wachsen und deine Sichtweise von dir selbst erweitern.

Wenn du erst einmal erkannt hast, dass alles um dich herum Illusion ist, kannst du wirklich und bewusst dein physisches Leben genießen, während du mit den 7 Mächten, die deine Entwicklung unterstützen und dich führen, im Einklang bist.

Nun kannst du dein Wissen von den 8 Konstituierenden, Universalen Gesetzen auf alle Situationen deines Lebens anwenden, ob es eine persönliche Angelegenheit ist, etwas mit dem Beruf zu tun hast, der Kunst oder der Politik, etc.

DIE 8 UNIVERSALEN KONSTITUIERENDEN GESETZE SIND:

Das Gesetz von Ursache und Wirkung / Ursache und Lösung
Das Gesetz von Entstehen, Wachsen und Vergehen
Das Gesetz von Rückgang und Ausweitung
Das Gesetz der Erscheinungen
Das Gesetz der Kettenreaktion
Das Gesetz der Rückkehr zum Selbst
Das Gesetz der Matrix und des Volumens
Das Gesetz der Unendlichkeit

KAPITEL 7

DIE ZWEITE MACHT IST ENTWICKLUNG/FORTSCHRITT

Entwicklung/Fortschritt ist eine großzügige Macht

Sie wird dich immer genau mit dem versorgen, wofür du bereit bist und was du brauchst

Wann immer du den nächsten Schritt in deiner Entwicklung tust, wirst du vom Universum belohnt und eine weitere Ebene (Level) tut sich vor dir in deinem Leben auf. Vielleicht erlernst du neue Fertigkeiten, entwickelst neue Talente oder Kräfte oder erlebst etwas Unerwartetes.

Du hast Fortschritte gemacht und hast deshalb das Geschenk der Weiterreise erhalten – UND – du hast die Geschenke erhalten und deshalb Fortschritte gemacht,

Man sagt, dass nichts in der materiellen Welt verändert werden kann, bis nicht alle Partikel transformiert und in eine andere Form umgewandelt worden sind. Und tatsächlich ist das Universum, wie wir es kennen, nicht dafür vorgesehen bis in alle Ewigkeit gleich zu bleiben. Es verändert seine Form und sein dichtes Energiefeld wird in höher Vibrationen umgewandelt.

So ist das Design und das ist immer mit allen Universen geschehen, weil die Zweite Macht, Fortschritt, am Rad der Schöpfung teilhat.

Obwohl sich die Mechanismen der Ersten Kraft, das Universale Gesetz, in der materiellen Welt von ihren Gegenstücken in der spirituellen Welt unterscheiden, beeinflusst es beide Welten in ähnlicher Weise, wenn es um Fortschritt geht. Das heißt, alle Partikel in der materiellen und in der spirituellen Welt müssen, um sich weiterzuentwickeln, die Frequenz ihrer Vibrationen erhöhen. (In diesem Band konzentrieren wir uns jedoch auf die 7 Mächte der Materie).

Entwicklung bedeutet Durchdringen, Infiltration.

Wenn etwas das Universale Gesetz infiltriert, findet in einer harmonischen, natürlichen Art und Weise Entwicklung statt.

Eine solche Entwicklung ist der wahre Fortschritt.

Entwicklung findet auf die natürlichste Weise statt. Die konstanten Veränderungen, die du vielleicht in deinem eigenen Leben, beobachtet hast, sind die Wirkung der Zweiten Macht, die die materielle Welt erschafft – Entwicklung/Fortschritt.

Da Entwicklung in Übereinstimmung mit deinem aktuellen Status erfolgt, gibt es keine Fehler oder strenge Regeln, während du dich veränderst und dein Bewusstsein erweiterst. Alles geschieht im Einklang mit deine persönliche Fortschritt.

„Es gibt zwei Optionen, nach denen du dein Leben bewusst leben kannst, Hermenethre,' sagte der Meister und schaute mir tief in die Augen. 'Du kannst deiner Seele vertrauen und ihre Realität akzeptieren oder du kannst deinen Verstand trainieren, damit er in der Lage ist, geschickt in der spirituellen Welt zu handeln und unwiderstehliche Entscheidungen für deine Seele zu treffen.'
Ich nickte.
In beiden Fällen musste ich die Bestimmung meiner Seele als oberste Priorität anerkennen und nicht danach streben, meine Seele mit meinem Verstand auszutrixen, um meine gefühlsmäßigen Wünsche zu erfüllen. Nur dann wäre ich in der Lage die unendliche Macht zu verkörpern, ohne die trügerische Macht mit den „Papiertüten" noch zu benötigen."

– Aus „Der Meister und die Grünäugige Hoffnung"

Das wahre Verständnis für die materielle Welt und ihre Regeln beruht nicht nur auf dem Intellekt.

Die Verbindung mit den Sieben Mächten, die die Welt erschaffen und ihre Anerkennung führt zum wahren Verständnis des Rades der Schöpfung.

Wenn du mit der Macht des Fortschritts in Einklang bist, erfährst du schrittweise, wie du bewusst die Illusion der materiellen Welt für deine Entwicklung gebrauchen kannst:

Jede Erfahrung wird zu einer Gelegenheit für dein Wachstum und du wählst deine nächste Erfahrung, ohne dein Ego und deinen Verstand die

Umstände kontrollieren zu lassen oder sie gar zu umgehen, wegen der Unannehmlichkeiten oder der Wünsche deines Körpers oder deiner Emotionen. Du bist in der Lage anzuerkennen, was ist oder Veränderungen in der Illusion (der materiellen Realität)vorzunehmen, um die Frequenz deiner Vibrationen zu erhöhen.

***

Ich möchte dich jetzt bitten, tief einzuatmen und langsam wieder auszuatmen.

Gut. Es ist wichtig, dass du in deinem Körper präsent bleibst, während du liest, schreibst oder eine andere geistige Aufgabe erledigst.

Wenn du dich von Zeit zu Zeit auf deinen Atem konzentrierst, hilft es dir im Augenblick geerdet zu bleiben, während du dich erfährst, indem du deinen Verstand benutzt.

„'Siehst du', hörte ich den Meister sagen, 'alles was du in der Ewigkeit wahrnimmst, ist ein einziger Augenblick. Ein Moment ohne Geschichte, ohne Last, ohne Gepäck aus der Vergangenheit. Und ohne Zukunft, die unbekannt ist. Es gibt nur einen einzigen Moment, der voll von endlosen, interessanten Möglichkeiten ist.
'Wie zum Beispiel?' fragte ich.
'Das hängt ganz von dir ab', sagte er. 'Was auch immer du wählen möchtest.'"

– Aus „Der Meister und die Grünäugige Hoffnung"

Deine Seele, die den Mechanismen der Ewigkeit für den Geist unterworfen ist, muss ihre Schwingungen kontinuierlich erhöhen, um Teil des ewig rotierenden Perpetuum Mobile-Effekts zu sein, der an der Ewigkeit für den Geist beteiligt ist (das ist eins der Gesetze der spirituellen Welt).

So ist das Design.

Es gibt keine Ausnahmen von dieser Regel und du weißt schon, dass das, was sich nicht entwickelt, „zurückbleibt", seine Vibrationen sich verlangsamen und aufhören, ewig zu sein. Und so hört eine Seele, die sich nicht entwickelt, auf zu sein wie jede andere Vibration.

Es gibt einen Unterschied zwischen dem Bewusstsein, das du bist und deiner Seele.

Einige Glaubensrichtungen definieren die Seele eines Menschen als die Essenz, die er ist. Während deine Seele in der spirituellen Welt funktionieren kann und der Körper nicht, ist sie dennoch keineswegs, wer du wahrhaft bist. Sie ist lediglich eine der „Formen" oder eines der „Werkzeuge", die das Bewusstsein, dass du bist, verwendet, um sich zu erfahren (Körper, Geist, Emotionen und Ego sind die anderen Werkzeuge).

Die Entwicklung deiner Seele ist ein sehr wichtiger Prozess, weil er zur Entwicklung des Bewusstseins, das du bist, beiträgt.

Deine Seele ist dazu da, dass das Bewusstsein, das du bist, sich durch die Illusion von Materie und Geist selbst erfahren kann, während es sich weiterentwickelt.

Die Zweite Macht, Fortschritt, verhilft dazu, diesen Zweck zu erfüllen. Diejenigen, die ihre Entwicklung vernachlässigen, handeln tatsächlich gegen ihre Bestimmung.

Dein gegenwärtiges physisches Leben ist kein Unfall oder ein Fehler. Wenn es bewusst und in vollen Zügen gelebt wird, wird es die Sichtweise erweitern, die du von dir hast und dir zeigen, wer du werden wirst.

Deshalb musst du verschiedene Aspekte und Situationen erleben und ausdrücken: angenehme, unangenehme, einfache, harte, schwierige, interessante, herausfordernde, entspannende, etc., es gibt jedoch weder „gute“ noch „schlechte“ Situationen.

Jeder Moment deines Lebens kann einen enormen Unterschied für deine Entwicklung bedeuten.

Jeder Tag ist ein Geschenk, das du dir selbst schenkst.

Das physische Leben in der materiellen Welt wird als außergewöhnliche Gelegenheit angesehen, die Frequenz der Schwingungen des Bewusstseins, das du bist, und die deiner Seele entscheidend zu erhöhen.

Und das ist der Grund:

Während das Bewusstsein, das du bist, sich in der materiellen Welt erfährt, nimmt es eine Form an, die aus einer Art „Team“ besteht: Körper, Geist, Emotionen, Ego und Seele.

Erreicht dieses „Team“ eine gewisse höhere Frequenz der Vibrationen, wird die Seele zum einflussreichsten Mitglied des „Teams“.

Das bedeutet, es kann ganz schnell andere Vibrationen verändern, die in seine Nähe kommen. Als hochschwingendes „Team“ beeinflusst es andere Teams, die mit ihm in Berührung kommen (denk an große Vorbilder oder Lehrer, die die Massen mit ihren hochschwingenden Vibrationen in Bann ziehen oder Menschen mit hochentwickeltem Bewusstsein, wenn dir diese Wortwahl lieber ist).

Obwohl die Seele irgendwann den größten Einfluss auf das „Team“ ausüben kann, sind auch die anderen „Teammitglieder“ in der Lage, Schwingungsfrequenzen des gesamten „Teams“, einschließlich der Seele signifikant zu erhöhen.

„Und dann erfuhr ich ein interessantes Geheimnis. Ebenso wie das Ego die Schwingungen der Seele verlangsamen konnte, so konnte die Seele das Gleiche mit dem Ego tun. Tatsächlich beeinflussten alle Mitglieder des Teams sich gegenseitig. Der Körper war in der Lage, durch gesunden Lebensstil oder tantrischen Sex die Vibrationen zu erhöhen und das gesamte Team zu beeinflussen. Wenn die Emotionen auf der unterbewussten Ebene von der Angst vor Schmerz oder Tod geheilt waren, wurden sie freudig und liebevoll. Wenn das Ego gesund funktionierte, weil es seines Wertes gewiss zufrieden und beschäftigt war, würde es nicht versuchen, die Kontrolle zu übernehmen. Und wenn der Geist mit guten Absichten und Gedanken erfüllt war anstatt mit Wahnvorstellungen, konnte er die Wahrheit erkennen.
(...) Und ich verstand auch, dass, bevor ich meinem Verstand beibringen konnte sich in der spirituellen Welt zu bewegen und Entscheidungen für die Seele zu treffen, ich mich vergewissern musste, dass die Vibrationen meines Teams wirklich hochfrequent waren. Anderenfalls konnte mein flüsterndes Ego meinen Verstand korrumpieren, sodass er Entscheidungen in seinem, des Egos, Sinne traf und nicht zum Wohl der Seele.“

– Aus „Der Meister und die Grünäugige Hoffnung“

Es ist sehr wichtig, das Ego aufmerksam zu beobachten, wenn wir den Weg der bewussten Entwicklung beschreiten und im Gleichklang mit der

Zweiten Macht sind.

Aus der Perspektive der Meisterlehren der Hoffnung sehen wir das Ego als eine Energie, die direkt mit der Kraft der Existenz verbunden ist und sich in der physischen Welt auf besondere Weise ausdrückt:

Es versichert dich deiner Identität und Individualität, deiner Einmaligkeit und schafft spezielle Grenzen für dich. Es unterscheidet zwischen der inneren und der äußeren Welt und kennzeichnet und organisiert deine Wahrnehmung. Das Ego analysiert Situationen als gefährlich oder vorteilhaft und es stützt seine Schlussfolgerungen auf die möglichen Auswirkungen und die Ressourcen, die es verwendet, um in der physischen Welt zu operieren.

Deshalb reagiert es heftig auf Beleidigungen, Zerstörungen von erworbenen oder hergestellten Dingen und Herausforderungen an seine geistigen, emotionalen oder körperlichen Gewohnheiten.

Es ist wichtig sich zu erinnern, dass das Ego nichts direkt erfährt, dass es mit Konzepten und Symbolen arbeitet, die den Richtlinien folgen, die von dem vorgegeben werden, was du schätzt und woran du glaubst. (Deshalb hat es einen solch enormen Effekt auf das Unterbewusstsein, das mit der Sprache von Symbolen arbeitet).

Das Ego ist ein Muster. Es schätzt Sätze wie „So bin ich“ – oder – „Ich bin ein Mensch, der...“ Sie geben ihm Stabilität und Sicherheit, die unterstützt werden von deinen Erinnerungen, von deinem Selbstbild und deinen Gewohnheiten.

Das Ego kann ganz leicht den Verstand dazu missbrauchen, seine Handlungen durch Manipulationen, Täuschungen, gewaltsames Handeln zu rechtfertigen, zu begründen und zu planen. Um falsche Ambitionen besser zu verstehen, denk an folgendes: deine Ambitionen sind nicht der Zweck deines Daseins.

Um diesen Zweck herauszufinden, musst du im Einklang mit der Zweiten Macht, dem Fortschritt bleiben und dein Ego von deinen Talenten und Vorlieben fernhalten.

Glaube niemals, dass du besser oder schlauer bist als andere, ein besserer Mensch, ein besserer Geschäftsmann, Künstler oder ein besseres Vorbild. Wenn du dich bei solchen Gedanken ertappst, berichtige sie sofort.

Tu, was du tust, um der Sache willen, nicht, weil du eine Belohnung erhoffst. Wenn du deinem Ego die Kontrolle überlässt, wirst du anfangen nach Ehren und Geld zu jagen oder nach Befriedigung durch romantische Eskapaden. Jemand, dessen Leben von seinem Ego getrieben wird, ist wie ein „hungriger Geist“: ruhelos, er erfährt niemals Erfüllung, ist immer unglücklich.

Vergiss auch nicht: wenn du versuchst, dein Ego loszuwerden, kann es sein, dass es im Gewand falscher Spiritualität oder Menschlichkeit erscheint.

Was immer dein Ego mit Wohlgefühl erfüllt, wird zu seinem Werkzeug. Selbst Spiritualität oder Demut kann zu seinem Vehikel werden, wenn du es unterdrückst, um „besser“ zu sein. Es wird alles für dich tun, damit du dich „besser“ mit dir fühlst.

Du kannst dein Ego nicht wirklich loswerden, weil es Teil deines eigenen Feindes ist, solange du in deinem physischen Körper wohnst.

Das ist die Last deines Egos.

Es gibt allerdings eine erfolgreiche und gesunde Methode, um mit dem Ego umzugehen:

Lass es dich aufheitern, wenn du zweifelst, das Vertrauen in dich verlierst. Lass es dir zurufen: „Du schaffst das! Geh 'ran! Du hast das Zeug dazu!“

Wenn du deinem Ego erlaubst, seinen Job in gesunder Art und Weise zu tun, ist es freudig dazu bereit, ohne dass du von deinem Weg und deinem Ziel abkommst.

Der Cheerleader, nicht die Hauptrolle ist der Job, der deinem Ego zugedacht ist.

Das Ego kann nur in der physischen Welt existieren. Es hat keinen Platz und keine Aufgabe in der Spirituellen Welt. Es versucht also dich in der materiellen Welt festzuhalten und Macht zu gewinnen.

Die Illusion von Macht befreit es von der Angst vor der Nichtexistenz. Deshalb ist es so motiviert, voranzukommen, um sich als stark zu manifestieren. Sein Antrieb kommt von der Angst vor dem Tod.

Wenn das Ego seine natürliche, gesunde Funktion deines Cheerleaders übernehmen kann, ist es zufrieden und fühlt sich wertgeschätzt. Es würde nicht versuchen, die Kontrolle zu übernehmen.

Es wird zu deinem guten Freund, einem unschätzbarer Helfer, gerade wenn du ihn brauchst.

Das ist das Geschenk deines Egos.

Wenn du dich auf die Zweite Macht, Entwicklung/Fortschritt einstimmst, stellst du fest, dass es kein Richtig oder Falsch gibt, was du mit dir und deinem Leben gemacht hast. Alles ist wertvoll, alles ist wichtig für dein Wachstum.

Und wenn du feststellst, dass die Erfahrungen deines früheren Lebens dir nicht mehr dienlich sind, kannst du Änderungen vornehmen.

Genieße deine Lebensreise zum Wohl deiner Evolution.

Denk daran, dass weder Erfolg noch Misserfolg für der Entwicklung deiner Seele von besonderer Wichtigkeit sind. All das sind einfach nur Erfahrungen, Möglichkeiten, die Vision deiner Seele zu erweitern.

Du kannst die Erfahrung genießen, während du in der materiellen Welt lebst und sie dazu verwenden die Frequenz der Schwingungen deines Bewusstseins, das du bist, zu erhöhen.

Beginne immer damit, dich mit deinem unendlichen Selbst zu verbinden (wenn du nicht mehr weißt, wie du das anstellen sollst, blättere zurück zur Inneren Reise, Teil 2, „Erfahrungen jenseits der Sinne" in Kapitel 1).

Es wird dir helfen, dich mit dem größeren Bild dessen, was du benötigst und was deine Aufgabe ist, zu verbinden, es zu erkennen. Dann bleibe in Einklang mit der Macht des Fortschritts, hab Vertrauen zu dir selbst und deinem eigenen Fortschritt.

Was geschieht, wenn du nicht in Einklang mit der Zweiten Macht bist:

Die Entwicklung/der Fortschritt ist verbunden mit dem zweiten Chakra, das auch das Sakral- oder Milzchakra genannt wird.

Einige meinen, dass es eine Handbreit unter dem Nabel liegt, obwohl das nicht genau ist, weil Chakren nicht in dieser Weise mit dem physischen Körper verbunden sind. Diese Lokalisierung dient nur dazu, dass man sich das Chakrensystem besser vorstellen kann.

Wenn die Zweite Macht nicht in der Lage ist, frei durch das Sakral – oder Milzchakra zu fließen, kann es geschehen, dass du einige

Symptome entwickelst. Viele Heiler haben Gallen- und Nierensteine sowie Blasenprobleme, Frigidität und Krebs in den reproduktiven Organen beobachtet.

Auch die Furcht verlassen oder zurückgewiesen zu werden oder die Angst vor Intimität kann auf eine Störung in diesem Bereich zurückgeführt werden. Diese Ängste können deine Beziehungen sabotieren, die Durchsetzungsfreude lässt nach, du versteckst dich vor dem Leben und vergisst deine Träume. Ist das zweite Chakra überaktiv, kann das zu sexueller Abhängigkeit, einer Tendenz zu emotionaler Co-Abhängigkeit oder einer Borderline-Persönlichkeitsstörung führen – gekennzeichnet durch instabile Stimmungen, Verhaltensweisen und Beziehungen. (Ein überaktives zweites Chakra kann auch ein Zeichen dafür sein, dass es in jungen Jahren zu sexuellem Missbrauch gekommen ist).

Wir alle wachsen in dysfunktionalen Gesellschaften oder Familien auf, in denen wir gelernt haben, den Wert anderer und uns selbst nach dem äußeren Erscheinungsbild zu beurteilen.

Wir wurden dazu angehalten zu glauben, dass geliebt zu werden von unserem Verhalten abhängig war: wenn wir uns nicht so verhielten, wie wir sollten, wurden wir nicht geliebt, was bedeutete, dass wir schlecht waren. Jemand, der sich jedoch so benahm, wie die Gesellschaft oder die Familie es von ihm erwartete, war eine gute Person und wurde auf vielerlei Weise belohnt.

Wir alle wurden auf die eine oder andere Weise verletzt. Wir wurden vernachlässigt oder vergessen, übersehen oder enttäuscht, fühlten uns wertlos oder verdrängt, wurden nicht geschätzt oder ausgelacht, unsere Träume wurden zerstört oder wir wurden aus unseren Jobs entlassen.

Welche Möglichkeiten haben wir? Wie begegnen wir einem Leben, das uns aus scheinbar guten Gründen lehrt nicht gut genug zu sein, sodass wir wieder zurückgestoßen werden?

Laufen wir vor den Menschen davon, die versuchen uns zu lieben? Geben wir den Vorsatz auf unsere Träume wahrzumachen? Bauen wir Mauern um uns herum, sodass nichts mehr hindurch dringt? Machen wir zu und schmollen?

Es ist sehr wichtig eine Unterscheidung zu treffen und eine Grenze zwischen Sein und Verhalten zu ziehen.

Es ist sehr wichtig damit aufzuhören, unseren Wert basierend auf den dysfunktionalen Standards unserer Gesellschaft (oder der Familie) zu beurteilen, die uns lehrten, dass es beschämend ist, ein unvollkommener Mensch zu sein.

Jedes menschliche Wesen ist ebenso wichtig wie einmalig, eins unter Milliarden.

Aber oft fühlen wir tief in unserem Herzen, dass wir schlechter sind als andere, dass wir nicht gut genug sind und weder Liebe noch Erfolg verdienen. Aber es ist nicht unser Verhalten, sondern die Essenz dessen, wer wir sind, die uns alle gleichermaßen wertvoll, liebenswert und würdig macht, das schönste Leben zu führen.

Wenn du dich mit der Zweiten Macht, Fortschritt, verbindest, ist es wichtig, nach Werkzeugen Ausschau zu halten, die helfen können, die negativen Muster in deinem Unterbewusstsein aufzulösen und dich emotional heilen (geführte Meditationen, tägliche Affirmationen und Aufnahmen auf MP3s, die positive Botschaften übermitteln). Und natürlich hilft es auch, deine Schatten zu transformieren und die Frequenz deiner Schwingungen zu erhöhen und dich zu entwickeln.

<u>Um dein Sakral- oder Milzchakra ins Gleichgewicht zu bringen, kannst du folgendes ausprobieren:</u>

- Tanz- und Bewegungstherapie, Akupressur

- Emotionale Befreiung (in ein Kissen schreien, stechen, weinen oder lachen) Lachtherapie

- Das Lesen vom Horrorgeschichten oder Psychothrillern unterlassen und keine derartigen Filme schauen

- Den Sonnenaufgang anschauen

- Jazz, Rock&Roll, östliche Musik und original Mittel- und Zentralamerikanische Musik hören, auf derartige Konzerte gehen, Dokumentarfilme über diese Musikrichtungen schauen

- Elektrische Gitarre, Marimbas, Saxophon spielen oder hören

- 396 HZ Solfeggio Frequenzen, die beim Klangheilung verwendet werden, anhören

Anmerkung: Einige Heiler empfehlen 417 HZ Solfeggio Frequenzen, um dein zweites Chakra ins Gleichgewicht zu bringen. Diese Frequenzen wirken jedoch zu störend, um heilen zu können und führen leicht zur Überaktivität . Wenn du nicht emotional oder sexuell abhängig werden willst, sind die 396 HZ Solfeggio Frequenzen das Beste, um bei mangelnder Aktivität oder Überaktivität das erste und zweite Chakra ins Gleichgewicht zu bringen.

- Ferienreisen in den Mittleren Osten und nach Nord- und Zentralamerika

- Alles, was du außerdem noch Hilfreiches finden kannst: spezielle Speisen und Gewürze, Edelsteine, Metalle, Düfte. Du findest vieles in den entsprechenden Büchern, Ratgebern und Artikeln. Manche suchen Hilfe bei Reki-Meistern und Energie-Heilern

INNERE REISE

DEIN SAKRAL - ODER MILZCHAKRA ÖFFNEN, DAMIT ENTWICKLUNG/FORTSCHRITT FLIESSEN KANN

Nimm eine bequeme Position im Sitzen oder im Liegen ein. Wenn du bereit bist, hol einige Male tief Atem. Wir werden diese Innere Reise in zwei Schritten machen.

Schritt 1:

Gleich werde ich dich bitten, die Augen zu schließen und wieder zu öffnen um weiterzulesen, nachdem du dir folgendes vorgestellt hast:

A: Du sitzt in einem runden Raum in einem Leuchtturm mit Blick auf ein smaragdgrünes Meer. Es ist späte Nacht und du kannst den dunklen Himmel, der mit hellen Sternen geschmückt ist, durch die Fensterfront sehen, die dich umgibt. Aus irgendeinem Grund ist in den Fenstern kein Glas, nur leere Fensterrahmen. Du spürst die sanfte und warme Brise von draußen. Du fühlst dich sicher und ruhig.

B: Du atmest tief und langsam. Mit jedem Atemzug fühlst du dich mit dem Himmel und dem Meer verbunden. Du liebst diese stille Nacht und genießt den friedlichen Augenblick.

C: Nach einigen Atemzügen füge ein Bild und ein neues Gefühl zu der Szene hinzu: mit jedem Atemzug kannst du das warme Glühen des weißen Lichts in dir eine Handbreit unter dem Nabel fühlen.

D: Verharre eine Weile in diesem Gefühl und zähle mit jedem Atemzug von eins bis zehn.

Lies die oben beschriebenen Schritte, sooft du magst. Du hast keine Eile.

Alles ist gut. Schließe die Augen und öffne sie wieder, wenn du die Aufgabe beendet hast.

Schließe JETZT die Augen.

***

Gut. Du hast die Augen wieder geöffnet.

Atme ruhig und tief weiter. Nun tu folgendes:

Schritt 2:

Gleich wirst du die Augen schließen und dir folgendes vorstellen, und danach wirst du die Augen wieder öffnen und weiterlesen.

A: Atme weiter langsam und tief. Das weiße Licht, das von unterhalb deines Nabels kommt, glüht weiter. Du weißt, dass es von einem wunderschönen, leuchtenden Whirlpool herrührt, deinem zweiten Chakra. Konzentriere dich darauf und lass es gleichmäßig kreiseln.

B: Stell dir vor, dass dein zweites Chakra anfängt immer schneller zu kreiseln und das weiße Licht, das von ihm ausgeht, wird stärker und stärker.

C: Das starke, weiße Licht, das von deinem zweiten Chakra ausgeht, leuchtet hell durch die Fensterfront in die dunkle Nacht hinaus. Das ist es, was der Leuchtturm braucht: ein wunderschönes Licht, das in alle Richtungen in die Dunkelheit der Nacht scheint. Dein inneres Licht wird zum Licht des Leuchtturms.

D: Du kannst die Zweite Macht, Fortschritt, spüren, wie sie frei durch dein Sakral- oder Milzcharkra fließt. Bleibe in diesem Gefühl und dem Prozess, während du im Geiste wiederholst:

„Ich bin im Einklang mit der Macht des Fortschritts. Ich bin bereit meine Einzigartigkeit, meine Talente und Fertigkeiten zu genießen. Es geht nicht um Egostolz oder dass ich mich für besser halte als andere. Wir sind alle einzigartig und speziell. So wie jeder andere verdiene auch ich Liebe, Glücklich sein und alles, was das Beste auf der Welt ist." (Oder du kannst es auch mit deinen eigenen Worten sagen.)

Genieße den Augenblick, solange du willst. Erfühle dein Potential und gestatte dir, noch mehr das zu sein, was du schon gewesen bist und auch das, was du noch nicht warst. Solange du im Einklang mit dem Fortschritt, der Zweiten Macht, bleibst, wird dein Licht zu deinem Wohl und zum Vorteil anderer in die Welt scheinen.

Lies dir die beschriebenen Schritte sooft durch, wie du magst. Du brauchst dich nicht zu beeilen, da alles so geschieht, wie es soll. Alles ist gut.

Danach schließe die Augen und öffne sie wieder, wenn du die Aufgabe beendet hast.

Schließe JETZT die Augen.

***

Gut. Du hast die Augen geöffnet. Du kannst aufhören zu lesen und später zu den Zeilen zurückkehren oder lies weiter, ganz wie du willst. Du weißt am besten, was gut für dich ist. Bleib in deinem eigenen Prozess.

IM EINKLANG SEIN MIT ENTWICKLUNG/FORTSCHRITT, DER ZWEITEN MACHT

Wenn du dich in deinem Leben weiterentwickelst, gewinnst du die Kraft, deine Gedanken, Verhaltensweisen und Reaktionen, die von deinen vergangenen, schmerzhaften Erfahrungen und Wunden herrühren, zu überwinden. Du erhältst die Kraft, in wahrer Freiheit, mit Freude und Befriedigung zu denken, zu sein und zu reagieren.

Um einen solchen Geisteszustand zu erreichen, ist es wichtig, durch einen Selbstheilungsprozess zu gehen. Entgegen anderen Meinungen kannst du diesen Teil nicht überspringen.

Dein spirituelles Bewusstsein kümmert sich nicht um deine emotionalen Wunden. Viele Menschen, die sich scheinbar spirituell weiterentwickeln, bleiben in ihrer emotionalen Unreife stecken und werden weiterhin beherrscht von ihren unterbewussten Schatten. Ihre spirituelle Entwicklung ist in diesem Fall lediglich ein „Pflaster" auf der Stelle, die ihnen wirklich Schmerzen bereitet.

Vergiss nicht, dass das gesamte „Team" (Körper, Geist, Emotionen, Ego und Seele) sich nur weiterentwickeln kann, wenn alle Mitglieder ihre Schwingungen erhöhen. Deshalb ist es so wichtig durch einen Selbstheilungsprozess zu gehen, um die Schwingungen deiner Emotionen zu erhöhen.

Der erste Schritt zur Selbstheilung ist die Muster deiner Persönlichkeit zu verstehen und zu beobachten, wie sie dich täglich in verschiedenen Situationen denken und funktionieren lassen.

Am Anfang dieses Prozesses wirst du dich unwiderstehlich hingezogen fühlen zu Menschen, die in Schwierigkeiten sind oder krank und die deshalb deine Hilfe brauchen. Das geschieht dir nicht ohne Grund. Alle Menschen um dich herum spiegeln dir, was du mit dir machen musst, erinnern dich an deine Schmerzen und Wunden.

Du darfst nicht in die Falle hoch emotionalen Engagements tappen. Nur wenn du dich gefühlsmäßig distanzieren kannst, bist du in der Lage die Situation anderer zu beurteilen, sie zu beraten und ihnen damit wirklich zu helfen.

Die folgende kurze Geschichte beschreibt eine erfundene Situation. Sie wird dir helfen zu verstehen, wie der Fortschritt, die Zweite Macht, die Materie und ihre Entwicklung beeinflusst und wie das zusammenhängt mit dem, was wir auf unserem Lebensweg erfahren:

Stell dir vor, du schwebst irgendwo durch das Weltall

Alles ist gut und sicher, alles ist ganz so, wie es sein soll. Schau umher und stell dir vor, du bist an einem Ort, der vielleicht vor einigen Millionen Jahren existiert hat.

Du siehst dabei zu, wie Materie physische Formen annimmt und chemische Reaktionen stattfinden. Obwohl die physischen Formen sehr simpel aussehen, mehr wie einfache Zellen, entwickeln sie fortschreitendes Bewusstsein, das wie kleine Fünkchen Licht aussenden und vibrieren, immer schneller und schneller und sie werden immer heller.

Stell dir nun vor, dass die Zeit rasch voranschreitet wie beim Schnelldurchlauf im Film. Die Veränderungen der Formen geschehen sehr schnell und du erlebst, wie eine biologische Form sich bildet: einfache Formen von Vegetation, Insekten, Vögeln und Tieren.

Du beobachtest, dass alle biologischen Systeme ihr eigenes magnetisches Feld haben und alle diese Felder von der Entwicklung ihres Bewusstseins beeinflusst werden. Die Veränderungen in ihren magnetischen Feldern verursachen allerlei chemische Reaktionen innerhalb ihrer physischen Form. Egal wie schnell oder langsam sich das Bewusstsein entwickelt, die Reaktionen und der Prozess sind immer noch gleich.

Nun richte dein Augenmerk auf Menschen und die Veränderungen in ihren Körpern und Auren, die durch die Entwicklung des Bewusstseins hervorgerufen wurde. Das Phänomen führt zu allen möglichen Ungleichgewichten/Verwicklungen, körperlichen, emotionalen oder geistigen Störungen.

Beachte, dass nicht nur diejenigen, die sich das Recht auf spirituellen Fortschritt versagen, unter Störungen leiden. Auch die, welche den Weg ihrer Seele folgen, können verschiedene Krankheiten und Beeinträchtigungen entwickeln.

Aus folgendem Grund:

Jeder Fortschritt oder jeder Widerstand dagegen verursacht Veränderungen, die auf den Organismus, den emotionalen und den geistigen Zustand einwirken. Und wenn der Fortschritt rasch verläuft, ist die Wirkung umso heftiger.

Du musst verstehen, dass eine Krankheit oder ein emotionales oder geistiges Problem nicht unbedingt ein schlechtes Zeichen sind. Es ist lediglich ein Symptom, eine Nebenwirkung. Eine Krankheit kann sogar dein Freund sein, weil sie bisweilen hilft, auf dem physischen Level „aufzuholen", dem Körper Gelegenheit gibt, die Veränderung zu verkraften.

Um Fortschritt besser zu verstehen, denk an so etwas grundlegendes wie Niesen oder Tränen. Es wirkt reinigend oder entlastend von etwas, das man nicht mehr braucht. Oder denk an das Jucken der Haut, wenn sie sich von Giften befreit oder an Fieber, das ein Zeichen von Kampf zwischen dem Immunsystems und dem Virus ist. Ja klar, das Fieber schwächt den Organismus, gleichzeitig aber ist es ein Zeichen für den Heilungsprozess.

Bedenke, dass manche Krankheiten vielleicht der Seele helfen, etwas loszulassen, sich anzupassen oder zu erstarken bei dem nächsten Schritt auf ihrer Reise. Die Zeit, die der Körper braucht um zu heilen, ist die gleiche Zeit, die die Seele für ihre nächste Erfahrung benötigt. Deshalb tut es manchmal so gut, sich unter einer warmen Decke mit einem Glas vitaminhaltigem Saft zu verstecken. Die „Auszeit" liefert die Gelegenheit, all die neuen Dinge richtig zu „verdauen".

Um die Zeit, die die Seele symbolisch gesprochen zum „Niesen oder Jucken" braucht, besser zu beschreiben, denk an manche Heiligen in der Kirche. Ihrem raschen spirituellen Fortschritt folgte oft eine schwere, oft sogar unheilbare Krankheit. Ihre Seelen mussten sich an die höhere Frequenz der Vibrationen anpassen. Ihre Körper konnten nicht damit Schritthalten, weil sie oft unterernährt waren, zu wenig geschlafen, ausgeruht hatten und ihnen fehlten Vitamine und Mineralstoffe. Im frühen Christentum war es sehr verbreitet, die Gesundheit des eigenen Körper zu untergraben. Diese Körper hatten natürlich niedrig schwingende Vibrationen und konnten die hochfrequenten Schwingungen der schnellen Entwicklung ihres „Team-Mitglieds", der Seele, nicht aushalten.

Es gibt ungezählte Geschichten von leidenden Heiligen, die aber stets die Qualen mit Demut ertrugen. Die frommen Männer und Frauen wussten intuitiv, dass die Leiden nicht so wichtig waren wie ihr Wachstum. Gleichzeitig würde ihre Doktrin kein Verständnis dafür zulassen, dass ein solches Leiden nicht notwendig ist und dass man sich gleichermaßen um die anderen „Team-Mitglieder" einschließlich des Körpers kümmern muss.

Wenn du lernen willst, wie du dich selbst heilen kannst oder wenn du schon Heiler bist oder zu werden planst, ist es wichtig dich daran zu erinnern, dass eine Krankheit nicht immer ein Zeichen des Widerstands gegen den eigenen Weg ist.

In einigen Fällen zeigt es eher, dass man sich auf dem eigenen Weg befindet und gleichzeitig die Bedürfnisse seines Körpers nicht ausreichend berücksichtigt.

Denke niemals, die Krankheit sei dein Feind. Sieh sie als Botschafter. Nur wenn du sie so einschätzt, bist du in der Lage erfolgreich mit ihr umzugehen.

Behandele deinen Körper so gut wie du deine Seele behandeln würdest.

Denke in den nächsten Tagen über den Prozess der physischen, emotionalen und geistigen Heilung nach:

Vergiss nicht, dass in manchen Fällen die Krankheit selbst das ist, was die Seele braucht, um die nächste Stufe der Entwicklung zu erreichen.

Es geschieht bisweilen, dass die Seele den physischen Tod statt der Heilung von einer Krankheit wählt, weil sie ihn als den einzigen Weg zu einem entscheidenden Fortschritt in dieser Lebenszeit erkennt. Und wir müssen jedermanns Recht auf die Entscheidung, was gut für ihn ist, respektieren.

Selbstheilung oder ein Heiler zu sein sollte niemals ein Weg sein, das Bedürfnis nach Erfolg und Erfüllung zu befriedigen.

Es geht nicht um deine Selbstheilungsleistung oder darum, wie gut du als Heiler sein kannst. Es geht immer nur darum, wie gut du jemanden oder dich selbst durch den Prozess der Heilung führen kannst.

Wenn du mit Fortschritt, der Zweiten Macht in Einklang bist, bedeutet das dein Einverständnis, dein Leben als Gelegenheit zu sehen, durch alles, was du erlebst, zu wachsen. In Gesundheit, Krankheit, Glück und Leid.

Entwicklung/Fortschritt ist eine großzügige Macht. Sie wird dich jederzeit mit genau dem versorgen, zu dem du bereit bist und was du brauchst.

In den Meisterlehren der Hoffnung wird Entwicklung/Fortschritt durch die Nummer Fünf repräsentiert.

KAPITEL 8

VON ENTKWICKLUNG ZUR DRITTEN MACHT: ENTFERNUNG

Solange dir klar ist,
dass du in einer Illusion lebst,
bist du nicht nur
der Gefangene deiner Gedanken

„Entwicklung als der harmonische und natürliche Fortschritt wird zum Fundament der nächsten Phase in der Erschaffung der Welt. Und diese Phase wird Entfernung genannt,' sagte der Meister.
(…) 'Du hast vorher gesagt, Entfernung sei das Gleiche wie Empfangen.'
'Entfernung von der Illusion, in der Mensch die Welt und ihre Natur missversteht, bedeutet die Wahrheit empfangen. Das heißt, sich zu verabschieden von der Projektion dessen, was gut oder schlecht ist und die Harmonie in allem zu akzeptieren. Entfernung von Zweifel und Widerstand und zu vertrauen. Die Illusion von Schmerz und Beschwerden hinter sich zu lassen und die Liebe willkommen zu heißen, die überall im Leben ausgedrückt wird.'

Während er sprach, fühlte ich seine Worte in mir. Alles, was er sagte, schien bereits quer über meinem Herzen geschrieben zu stehen. In diesem Augenblick verstand ich die große Weisheit, die er mit mir zu teilen versuchte."

– Aus „Der Meister und die Grünäugige Hoffnung"

Wir alle haben schon das eine oder andere Mal die Macht der Entfernung gespürt. Wir alle haben schon einen solchen Moment im Leben gehabt oder Augenblicke, in denen wir aus keinem besonderen Grund plötzlich wussten oder fühlten, dass das, was wir um uns herum sehen, irgendwie „nicht genug" ist. Was wir in unserem physischen Dasein erfahren, zu begrenzt, nicht „die ganze Wahrheit" dessen ist, was oder wer wir sind, woher wir kommen und wohin wir unterwegs sind. Dass es in unserem Leben, in unserer Existenz in der Welt, in der wir leben, noch mehr geben muss – dass das, was wir erfahren, nicht alles sein kann.

Diese Erkenntnis, diese Momente von Klarheit haben nichts zu tun mit unserer sensorischen Logik und was wir über das Leben und seinen biologischen Ursprung wissen. Sie haben auch nichts mit unserem Alter, unserem Geschlecht, Hintergrund, dem Grad unserer Erziehung oder mit der Anzahl an Erfolgen oder Misserfolgen zu tun.

Diese Momente führen uns zu einer eingehenderen Untersuchung der Bedeutung/des Zwecks unserer Existenz. Wenn wir erst einmal von der Macht der Entfernung „berührt" worden sind, beginnen wir mehr oder weniger wissentlich zu versuchen uns Klarheit zu verschaffen, eine Bestätigung für unsere unbestimmten Gefühle zu finden.

„Entfernung heißt, dass man sich verabschiedet vom Bisherigen und vorstößt, eindringt zum Kern und seinen eigenen Weg findet, sein Herz erkundet. Entfernung ist sowohl etwas hinter sich lassen, als auch ankommen. Derjenige, der sich entfernt von der Illusion, kommt zur Wahrheit."

– Aus „Der Meister und die Grünäugige Hoffnung"

Wir alle wollen Antworten. Manche finden sie in philosophischen oder religiösen Glaubensrichtungen, einige finden sie in sich selbst, andere suchen sie in wissenschaftlichen Erkenntnissen. Es spielt keine Rolle, wie und wo wir nach einer tieferen Bedeutung für uns suchen, eines bleibt gleich: wenn wir erst angefangen haben nach der Wahrheit zu suchen, die zu uns spricht, hören wir nicht mehr auf, und wir können auch nicht mehr zu der „alten Art und Weise" zurückkehren, wie wir unsere Existenz wahrgenommen haben.

Das ist die Macht Entfernung.

Als sich die Wissenschaft der alten Schule von den spirituellen Studien trennte, die auf die Illusion der physischen Welt hinwies, verursachte das eine Menge Chaos auf dem Planeten. Die Hardliner der alten Schule trockneten nicht nur unsere Quellen aus, sondern sie trugen auch dazu bei, Wasser, Land und Luft zu vergiften.

Es kann keine technologische Revolution stattfinden, wenn die Wissenschaft nicht ganzheitlich ist. Die einzige Möglichkeit alles im Gleichgewicht zu halten, ist mit den Sieben Mächten in Harmonie zu sein. Die Macht Entfernung außer Kraft zu setzen, verursacht großen Schaden.

Das Rad der Schöpfung basiert auf allen Sieben Mächten, die zu allen Zeiten in Harmonie arbeiten.

Alles, was den Kreislauf der Schöpfung begrenzt oder stört, arbeitet nicht nach dem Design und ist dazu verurteilt zu fallen.

Was manche im letzten Jahrhundert als technischen Fortschritt der Menschheit angesehen haben, ist in Wirklichkeit ein Riesenfehler der Wissenschaft, der wir gestattet haben, uns so lange zu schaden. Unser gesamter Planet, Menschen, Tiere, die Natur, haben unter den Konsequenzen dieses Fehlers zu leiden. Es wird den Planeten sehr viel Zeit kosten, sich davon zu erholen, und ob die Menschen es noch erleben, ihren Planeten heil und gesund zu sehen, bleibt eine große Frage. Zur Stunde geht die Zerstörung weiter, und es ist schwer zu sagen, ob die nächste Generation überhaupt in der Lage sein wird auf der Erde zu überleben.

Mir ist bewusst, dass die meisten Menschen nicht täglich über diese Dinge nachdenken, wenn überhaupt. Das ist ein weiteres Zeichen dafür, wie wir irregeführt worden sind. Wir halten uns für eine Spezies, die anderen Lebewesen und der Natur, ja dem Planeten selbst überlegen sind. Dass wir alles unter Kontrolle haben, und dass die materielle Welt dazu da ist uns zu dienen und uns in jeder Weise, die wir wünschen, zur Seite zu stehen. In Wahrheit sind wir Teil dieser Welt, ebenso wie alles und alle.

Die materielle Welt, wie wir sie kennen, unterliegt dem Rad der Schöpfung. Als solche ist sie das Ergebnis der Ko-Kreation des Bewusstseins aller lebenden Dinge, die „entscheiden", sich in dieser besonderen Illusion der Materie zu erfahren (Menschen, Tiere, Pflanzen, Minerale, Sterne, Galaxien, etc.)

Interessanterweise sind die Menschen die einzigen Wesen auf der Erde, die bislang die Vereinbarung der gegenseitigen harmonischen Voranschreitens aller Beteiligten, die ein Bewusstsein entwickeln, verletzt haben.

Die Macht Entfernung hält uns jedoch auf, wenn wir es am dringendsten brauchen.

Das können wir klar erkennen, wenn eine neue wissenschaftliche Erkenntnis Raum gewinnt. Die Wissenschaft bestätigt nun, dass die materielle Welt eine Illusion ist und versucht sich in neuen Theorien, um mehr darüber zu erfahren, wie das Design funktioniert.

Die Medizin unternimmt ernsthafte Schritte, Krankheiten in ganzheitlicher Weise zu behandeln, nachdem sie vielerlei Entdeckungen gemacht hat. Der Nobelpreis wurde für bahnbrechende Arbeiten auf dem Gebiet molekularer Mechanismen der Selbstheilungsprozesse der DNA und der Effekte der Willenskraft auf den physischen Körper verliehen, die nun als wirklich anerkannt sind.

Die Physik schaut nach Paralleluniversen und neuen Energiequellen, und Zeitreisen scheinen nicht mehr ferne zu sein, während 3D-Druck und Nanotechnologie neue Dimensionen von Möglichkeiten eröffnen, wie wir leben und funktionieren können.

Die Illusion der materiellen Welt ist nun offiziell und die Auswirkungen von Entfernung, der Dritten Macht sind für die Wissenschaft offenbar geworden. Mehr und mehr Wissenschaftler ziehen alte philosophische Lehren zu Rate, um Inspirationen für ihre Theorien und Untersuchungen zu finden, während sie nach der tieferen Bedeutung der Welt und unserer Existenz suchen.

Wenn sie dann entdecken, dass man die beiden Welten, die materielle und die spirituelle, nicht zu wissenschaftlichen Zwecken trennen kann, ist die Wahre Wissenschaft geboren und die wirkliche wissenschaftliche

Revolution wird stattfinden.

Sich von der Illusion zu verabschieden, die uns in Missverständnissen der Welt und ihrer Natur gefangen hält, führt zur Freiheit von unseren Begrenzungen.

Lasst uns einen kurzen Blick auf die Dinge werfen, wie sie auf unserem Planeten sind:

Der Mechanismus eines individuellen, menschlichen Chakrensytems, das das Ein- und Ausströmen der kosmischen Energie, des Bewusstseins, des Unterbewusstseins, etc. gestattet, ähnelt dem Mechanismus vieler großer Energie- und Whirlpool-Cluster, die auf dem gesamten Planeten (in verschiedenen Regionen) verteilt sind und das Ein- und Ausströmen derselben Energien ermöglichen.

Genau wie das menschliche Chakrensystem besteht jeder Cluster aus sieben Energiezentren/Whirlpools, die, ebenso wie die Chakren, sowohl Generatoren als auch Empfänger der Energieströme sind.

Deshalb können wir in verschiedenen Teilen der Welt verschiedene Stadien der Entwicklung erkennen, wie Kontinente, Länder, Städte, Dörfer, etc.

Auch können wir beobachten, dass gewisse Nationen, Rassen, Generationen, Gruppen oder Familien sich auf ganz spezifische Weise in bestimmten Regionen entwickeln. Das hängt ganz davon ab, ob die Region als Ganzes im Einklang mit einigen oder allen Sieben Mächten ist oder nicht.

Das Gleiche gilt für ganze Planeten, Galaxien oder Universen. Wir können tatsächlich in diesem Zusammenhang die alte Weisheit anführen: Wie oben, so unten.

Wenn wir es aus dieser Perspektive betrachten, können wir vielleicht die Prozesse, die auf dem Globus und in unserem individuellen Leben stattfinden, besser verstehen.

Was geschieht, wenn wir nicht im Einklang mit der Dritten Macht sind:

Global können wir folgende „Symptome“, unter denen unser Planet aufgrund der Unterbrechung des Ein- und Ausströmens der Dritten Macht leidet, beobachten:

Materialismus, konsumorientierter Lebensstil, Mangel an Respekt für das im physischen Leben zum Ausdruck gebrachte Bewusstsein (in allen möglichen Formen), Konkurrenzdenken, Selbstsucht, Oberflächlichkeit, Aggression, Grausamkeit, Mangel an Toleranz, Mangel an Verständnis für die Natur und den Mechanismus spiritueller Entwicklung, Einschränkung der Freiheit und des Rechts auf Fortschritt und Erfolg aller Bewusstseinsformen.

Auf der individuellen Ebene ist Entfernung verbunden mit dem dritten Chakra, auch bekannt als „Solar Plexus Chakra“ oder auch „Bauch/ Nabelchakra“.

Einige sagen, es befinde sich kurz über dem Nabel, aber auch das ist nicht ganz richtig, weil die Chakren, wie wir schon wissen, nicht in dieser Weise mit dem physischen Körper verbunden sind. Die Lokalisierung dient nur dazu, dass man sich das Chakrensystem besser vorstellen kann.

Wenn die Dritte Macht nicht frei durch das „Nabelchakra“ strömt, kann es zu einer Reihe von Symptomen kommen, die Heiler beobachtet haben: Verdauungsprobleme, Diabetes, Fettleibigkeit, Magen-/Leber-/Pankreasleiden, Hyperglykämie, Nebennierenleiden, Erkrankung des Dünndarms, Darmkrebs und Rückenbeschwerden. Angst vorm Versagen, vor Inkompetenz und auch vor Erfolg sind gängig bei Fehlfunktion des dritten Chakras.

Diese Ängste hängen zusammen mit dem Druck, den die Umgebung oder die Familie ausübt, was typisch ist bei materiell orientierten Menschen, von denen Erfolg und Erfüllung der gesellschaftlichen Norm erwartet wird. Was folgt, ist ein Leben in Kampf.

Es könnte zu Versuchen oder zur Besessenheit führen, materielle Güter / finanzielle Macht mit allen möglichen Mitteln zu erlangen: durch Durchsetzungsvermögen oder Aggression, Manipulation oder Gewalt, Täuschung, harte Arbeit oder „Versklavung", um einen bestimmten Status zu wahren.

Oder es kann zu einem inneren Kampf werden, nicht gewillt zu sein, die eigenen Werte zu gefährden, um die Erwartungen der Gesellschaft zu erfüllen und so die eigene Karriere und Leistung sowie das Recht auf Glück zu sabotieren.

Als Menschheit und Gesellschaft müssen wir lernen zwischen illusorischem und realem Erfolg zu unterscheiden. Nur dann werden wir wirkliche Befriedigung im Leben erfahren, während wir unsere Ziele verfolgen, also nicht aufgrund von Konkurrenzdenken und den Versuchen besser, reicher und mächtiger als andere zu sein, sondern in völliger Ausrichtung auf unsere eigenen, tieferen Werte und dem Bedürfnis, uns auf eine Weise auszudrücken, die dem entspricht, was in unserem, Herzen ist (unserem reinen, inneren Sein).

Um die Freiheit zu erreichen, das Leben zu leben, das wir uns wünschen, müssen wir uns mit der Macht Entfernung abstimmen und die materielle Welt als das sehen, was sie ist: eine Illusion, in der wir die verschiedensten Gelegenheiten zur Entwicklung finden können.

Jedes einzelne Partikel in unserem Universum ist auf Fort-

schritt ausgelegt.

Wenn du dich mit der Dritten Macht, Entfernung, abstimmst, ist es wichtig, dich nach Werkzeugen umzusehen, die dir helfen, deine negativen Muster, die in deinem Unterbewusstsein sind, aufzulösen und dir zur emotionalen Heilung verhelfen (geführte Meditationen, tägliche Affirmationen Aufnahmen auf MP3, die unterschwellig positive Botschaften vermitteln). Und natürlich wird es eine große Hilfe sein, deine Schatten zu transformieren und die Frequenz deiner Schwingungen zu erhöhen und damit dich zu entwickeln.

Um dein „Solar Plexus-/Magen-/Nabelchakra" ins Gleichgewicht zu bringen, kannst du folgendes ausprobieren:

- Kräftiges, körperliches Training in jeder Form

- Keine psychologischen Thriller lesen oder im Film anschauen

- Den Sonnenuntergang, Gewitter- oder Schneestürme anschauen

- Jazz, Folk, Pop oder Rap anhören

- Gitarre, Geige oder andere Saiteninstrumente anhören oder spielen, ebenso Blech- und Holzblasinstrumente sowie Klavier und Keyboards

- 528 HZ Solfeggio-Frequenzen, die in der Klangheilung verwendet werden, anhören, (Bemerkung: Diese Frequenzen werden auch verwendet, um DNA zu heilen)

- Ferienreisen und Trips nach Südeuropa

- Konzerte, wo Jazz, Pop, Folk und Rap erklingt, MP3s dieser Art sammeln

- Volkskunst aus Südeuropa sammeln

- Lesen oder anschauen von Abenteuergeschichten/ Fantasie

- Biographien und Geschichtsbücher lesen

- Alles andere, was du hilfreiches in dieser Richtung finden kannst, einschließlich Speisen, Gewürze, Edelsteine, Metalle und Düfte. Manche Menschen suchen die Hilfe bei verlässlichen Reki-Meistern und Energieheilern

INNERE REISE

DEIN SOLAR PLEXUS-/BAUCH-/NABELCHAKRA ÖFFNEN, DAMIT ENTFERNUNG FLIEßEN KANN

Setz dich bequem hin und atme ein paarmal tief durch. Gleich werde ich dich bitten die Augen zu schließen und sie wieder öffnen, um weiterzulesen, nachdem du dir folgendes vorgestellt hast:

A: Du sitzt auf einem Stuhl vor dem offenen Fenster bei dir zu Hause oder gegenüber der Eingangstür, die weit offen ist. Es ist ein strahlend sonniger Sommertag. Du atmest tief und ruhig. Du fühlst dich ruhig und entspannt. (Du kannst dir auch tatsächlich einen solchen Platz bei dir zu Hause suchen, anstatt ihn sich vorzustellen).

B: Von dort, wo du sitzt, kannst du die Sonne sehen und ihre Wärme auf der Haut spüren. Mit jedem Atemzug lässt du das Sonnenlicht und seine Wärme in dich hineinfließen. Das erfüllt dich mit stiller Freude, die ihren Anfang am unteren Ende deiner Wirbelsäule nimmt und aufsteigt bis zu deinem dritten Chakra.

C: Nach einigen Atemzügen fühlst du, dass dein Chakra sich schneller dreht, und ein wenig oberhalb des Nabels wird es wirklich warm. Es ist ein sehr angenehmes Gefühl und die Freude in dir steigert sich noch.

D: Halte dieses Gefühl für eine Weile fest und zähle jeden Atemzug in Geist – von eins bis zehn.

E: Nun stell dir vor, dass dein Chakra ebenso anfängt zu leuchten, wie die Sonne draußen. Es sieht jetzt genauso aus, wie die Sonne. strahlend und voller Freude. Du lächelst, weil dir klar wird, dass du in dir eine kleinere Version der Sommersonne hast – gerade über dem Nabel.

F: Du lässt deine Sonne sogar noch heller strahlen und dich mit Kraft füllen, die alles, was du willst, gedeihen lässt: Menschen, Lebewesen, Projekte, Ziele.

Deine Solarkraft ist von nichts und niemandem aufzuhalten.

Sie kommt überallhin, wohin du sie schickst und sie löst die Hindernisse auf ihrem Weg auf.

Die Solarkraft in deinem dritten Chakra kann aber nur dort Anwendung finden, wo sie keinen Schaden bei Menschen, Tieren, der Natur, dem Planeten oder irgendetwas im Universum anrichten kann.

Erfreu dich an dem Augenblick, solange du magst. Du kannst diese Innere Reise auch immer dann wiederholen, wenn du deinen Anstrengungen und Zielen Kraft verleihen willst.

Lies die oben beschriebenen Schritte sooft durch, wie du willst und pass dich deinem eigenen Rhythmus an. Alles ist gut. Schließe die Augen und öffne sie wieder, wenn du die Aufgabe beendet hast.

Schließe JETZT die Augen.

***

Gut. Du hast die Augen wieder geöffnet. Du kannst jetzt aufhören zu lesen und später zu den Zeilen zurückkehren oder weiterlesen, ganz wie du willst. Du hast keine Eile.

IM EINKLANG MIT DER DRITTEN MACHT, ENTFERNUNG, BLEIBEN

Wenn du die Macht der Entfernung zu dir einlässt, erkennst du, dass die materielle/ physische Welt, egal wie real sie erscheint, eine Illusion ist, die sich verändert und anpasst, je nachdem, wie du sie wahrnimmst. Die Art und Weise, wie wir die Welt um uns herum sehen, hat großen Einfluss darauf, wie wir unser Leben leben.

Sie ist tief verwurzelt mit der Art, wie wir programmiert sind oder uns selbst programmiert haben, basierend auf unseren Erfahrungen, Überzeugungen und vor allem darauf, was mit dem übereinstimmt, zu dem wir bisher geworden sind.

Für manche von uns ist die Welt ein Ort für sich alleine, in dem wir nichts zu sagen haben und den wir in keiner Weise kontrollieren können. Einige nehmen die Welt als einen feindlichen Ort wahr, der voll ist von „anderen“, die sie bekämpfen oder denen sie aus dem Wege gehen müssen, immer bereit anzugreifen oder sich zu verteidigen. Andere wiederum sehen die Welt als einen Ort, der ihrem Ego dient, an dem sie ihre materiellen oder emotionalen Bedürfnisse erfüllen können. Es gibt auch Menschen, die die Welt als Einheit sehen, wo alles sinnvoll ist. Und für wieder andere ist sie ein großes Unbekanntes, wo alles möglich ist.

Unsere Sichtweise von der Welt spiegelt sich in unserer Art zu leben wider

Die meisten von uns sind sich einig, dass wir in einer materiellen Welt leben. Wir sind uns der Existenz dieser Welt sicher, weil wir sie mit unseren Sinnen wahrnehmen können. Viele stimmen auch zu, dass es eine spirituelle Welt gibt. Wir glauben an diese spirituelle Welt, durch unsere Intuition, Überzeugung, Logik oder den sogenannten „sechsten Sinn“.

Mit anderen Worten; wir glauben an das, was wir erfahren oder wahrnehmen.

Egal, ob es physisch ist oder nicht – solange wir es erfahren oder wahrnehmen, glauben wir irgendwie an seine Existenz.

Ob wir nun der alten Schule der materiellen Wissenschaft zustimmen oder es mit der modernen, holistischen Wissenschaft halten, wie auch immer unser Hintergrund, unsere Überzeugung, Religion oder persönliche Philosophie aussieht, wir alle können ganz klar erkennen, dass es unserem Glück und Fortschritt zugutekommt, je mehr wir über unser Schicksal entscheiden können.

Unser physisches Leben ist unsere ganz eigene Reise. Sie gehört zu uns, sie kommt von uns.

Du kannst immer die Wahrnehmung der Illusion in der materiellen Welt verändern, wenn du deine Erfahrungen ändern willst.

Bist du im Einklang mit den Sieben Mächten, so beeinflusst du die Illusion auf jede Art und Weise, die du dir wünschst.

Bist du es aber nicht, so ist es die Illusion, die dich beeinflusst.

Hier ist eine kurze Geschichte, die eine erfundene Situation beschreibt: Sie wird dir helfen zu verstehen, auf welche Weise deine Wahrnehmung dich in der Illusion festhalten kann, um deine „gewohnte Sicherheit“

aufrechtzuerhalten.

Stell dir vor, du schwebst irgendwo im Weltraum

Du umrundest die Erde, die von Wolken umgeben ist. Du bist sicher und alles ist gut. Dein Körper segelt schwerelos im unendlichen Raum dahin. Alles scheint in Zeitlupe vonstatten zu gehen, sogar deine Gedanken.

Nun stell dir vor, du verlässt die Erde. Schnell. Du schwebst vorbei an verschiedenen Planeten und Sternen, weiter und weiter durch das riesige Universum.

Plötzlich fühlst du dich von einem kleinen Planeten in der Nähe angezogen. Er hat eine rosa Atmosphäre um sich herum, und du entscheidest dich hier zu landen.

Nach der Landung sitzt du auf etwas wie einem Stein, der auf etwas wie dem Erdboden liegt, nur dass beides rosa ist.

Während du dich dort ausruhst, beobachtest du die merkwürdige Landschaft und bemerkst, dass sie sich langsam in etwas dir Bekannteres verwandelt, etwas, das dir vertraut ist, und das du magst. Es schaut vielleicht aus wie deine alte Nachbarschaft, der Garten hinter deinem Haus, der Park, in dem du mit dem Hund spazieren zu gehen pflegtest oder eine Wüste oder eine Farm, auf der du groß geworden bist.

Nun wird es Zeit den seltsamen Planeten wieder zu verlassen und deine Reise fortzusetzen.

Wieder passierst du Sterne und Planeten und wieder zieht dich einer der Planeten in der Nähe magisch an.

Du landest wie vorher darauf und stellst fest, dass sich die Umgebung sich in eine dir bekannte Landschaft verwandelt, gerade so wie sie dir gefällt.

Und weiter geht's. Du erkundest das Universum und fühlst dich wohl dabei, wie du so durch das All schwebst. Du weißt nun schon im Voraus, was geschehen wird, wenn du dich entschließt, einen anderen Planeten zu besuchen. Nach deiner Landung wird alles um dich herum so sein, wie du es dir wünschst.

Merkst du, wie eifrig und leicht dein Verstand eine freundliche und vertraute Umgebung auf dem fremden Planeten erschaffen kann, sodass es dich sicher und bequem anfühlt?

Was immer du für dein „Zuhause“ annimmst, wird zu deiner „gewohnten Sicherheit“.

Egal ob die Umgebung friedlich oder gestört ist, absurd oder sonst irgendwie geartet.

Du kannst dich an einen Sturm gewöhnen und deine „gewohnte Sicherheit“ oder Komfortzone darin finden.

In jeder neuen Situation oder Umgebung neigt dein Verstand dazu, die Erfahrung aus der Vergangenheit wieder zu erschaffen. Wir übernehmen das, was unserer eigenen Vision entspricht.

Die Menschen erschaffen die gleichen, alten Erfahrungen neu in ganz neuen Situationen. Die mögen negativ sein, enttäuschend, verletzend oder bedrohlich. Das, woran sie sich gewöhnt haben, wird zu ihrer „gewohnten Sicherheit“.

Nun, da du den Mechanismus unserer Wahrnehmung verstehst, weißt du, dass du durch eine Änderung deiner Sichtweise auf dich selbst und die Welt deine Erfahrung in jeder beliebigen Situation ändern kannst.

Die physische Welt ist eine Illusion.

Die Macht der Entfernung ermöglicht dir, dich von dieser Illusion zu befreien.

Das eröffnet dir neue Möglichkeiten, dein Bewusstsein, das du bist, zu erfahren und zu erweitern.

Du kannst natürlich die Illusion genießen, daran ist nicht falsch.

Solange du weißt, dass du eine Illusion erlebst, bist du nicht bloß gefangen von deinem eigenen Geist.

Du machst Fortschritte und lernst, was du über dich selbst erfahren musst.

In den Meisterlehren der Hoffnung wird Entfernung durch die Nummer Drei repräsentiert.

Entfernung ist die Dritte Macht und sie hat die Zahl Drei als Symbol. Warum aber wird dann die Zweite Macht, Fortschritt, von der Zahl Fünf repräsentiert und nicht von der Zwei?', fragte ich.
'Die Bedeutung der Zahlen bei den Symbolen unseres Tempels deckt sich nicht mit der Folge der Mächte,' erklärte er.
'Obwohl Entfernung die Dritte Macht ist und von der Drei symbolisiert wird, ist das nicht gewöhnlich der Fall. Wie ich dir schon vorher sagte, stehen die Zahlen in der Numerologie unseres Tempels für die Qualität der Energien und der Fortschritte, die stattfinden. Das ist alles'.
'Das ist alles', wiederholte ich und holte tief Atem. 'Ich möchte sicher sein'.
'Richtig', sagte er. 'Du brauchst nicht alles auf einmal zu begreifen,'

fügte er hinzu. 'Nimm es einfach erstmal so hin; die Zahlen symbolisieren die Energien und die Fortschritte, die mit jeder Macht zu tun haben'."

– Aus „Der Meister und die Grünäugige Hoffnung"

KAPITEL 9

DIE VIERTE MACHT: VERGEHEN

Das Bewusstsein, das wir sind, wird weder auf die materielle noch auf die spirituelle Welt beschränkt

„Die Vierte Macht, die die Welt erschafft, ist Vergehen.'
'Ich verstehe nicht,' erwiderte ich sofort.
'Vergehen entsteh durch Entfernung und erschafft gleichzeitig Entfernung.'
'Ich verstehe immer noch nicht', gestand ich. 'Besonders seit ich über Vergehen erfahren habe, dass das, was vergeht, aufhört zu existieren.'
'Du redest von dem physischen Tod, Tochter', sagte er, 'den du am Ende der Existenz wahrnimmst. Ich spreche von ganz etwas anderem.'“

– Aus „Der Meister und die Grünäugige Hoffnung“

Unabhängig von unserem Hintergrund fürchten wir uns vor dem Sterben, dem nicht mehr sein, dem Vergehen.

Viele von uns haben schon geliebte Menschen oder Tiere in ihrem Leben verloren. Sie starben entweder ganz unerwartet oder weil sie alt oder krank waren. Egal was der Grund für ihren physischen Tod war, in den meisten Fällen kam es als Schock und löste Schmerz aus.

Der physische Tod wird oft stark missverstanden und die Sorgen ums Überleben sind tief in unserem Unterbewusstsein verankert, je nachdem, wie wir von unseren Eltern, Lehrern, Betreuern, der Gesellschaft, einem religiösen Dogma oder etwas anderem programmiert wurden, das unser Denken und Fühlen über uns selbst und die Welt, in der wir leben, beeinflusst hat.

Für einige bedeutet Vergehen das Ende der Existenz. Für andere ist es eine Schwelle, eine Tür zu einem Leben danach, wo sie weiter als Seelen existieren. Abhängig von unseren persönlichen Überzeugungen und unserer kulturellen oder religiösen Konditionierung neigen wir dazu, den Tod als unvermeidliches, hartes Ende unseres physischen Lebens oder unseres Bewusstseins per se anzusehen. Und so fürchten wir ungeachtet unseres Hintergrunds das Vergehen (des Lebens).

Warum diese Furcht?

Einfach, weil wir als das Bewusstsein, das wir sind, weiter existieren wollen.

Wir neigen jedoch auch dazu, unsere Existenz als mit unserem physischen Körper oder der Seele verbunden zu verstehen, von der wir glauben, dass sie für immer in der geistigen Welt "wohnen" kann. In jedem Fall wird das Wesen unserer Existenz stark missverstanden.

Obwohl es keine Garantien für die Ewigkeit unseres Daseins (oder der

Seele) gibt, ebenso wenig wie es eine Garantie dafür gibt, dass wir am nächsten Morgen wieder aufwachen, haben wir als Bewusstsein, das wir sind, die Wahl zugrunde zu gehen oder zu bleiben. Und das ist der Verdienst der Zweiten Macht, der großzügigen Entwicklung (Kapitel 7)

Vergiss nicht, Bewusstsein ist, was es ist: eine Schwingung, ein Strom, ein Signal, das solange anhält, wie es sich entwickelt/fortschreitet und sich seiner selbst bewusst bleibt.

Zudem wird das Bewusstsein, das wir sind, weder von der materiellen noch von der spirituellen Welt begrenzt.

Die materielle Welt wird von der Quantentheorie (und einigen spirituellen Überzeugungen) als Illusion verstanden, und daraus schließen viele Menschen, dass die spirituelle Welt die tatsächliche und reale Welt ist. Und dass deshalb die Seelen in der Illusion der Materie „leben" können – um Erfahrungen zu machen – und dann „nach Hause" in die spirituelle Welt zurückkehren, wo sie „wahrhaft" existieren. Aber auch das bedeutet Begrenzung und ist irreführend.

„'Materie und Geist sind nur eine Illusion,' begann er seine Erklärung.
'Und diejenigen, die ihren physischen Tod erleiden, befinden sich noch immer in der Illusion von Materie und Geist. Ihre Seelen sind noch nicht befreit, obwohl ihre Körper tot sind.'"

– Aus „Der Meister und die Grünäugige Hoffnung"

Es spielt keine Rolle ob wir uns in der materiellen oder der

spirituellen Welt erleben und wahrnehmen – alles ist nur Illusion.

Die wahre Befreiung geschieht, wenn wir verstehen, dass das Bewusstsein, das wir sind, NUR bestehen bleiben kann, wenn wir weiter wachsen, befreit von der Illusion von Leben und Tod, entweder in der physischen (materiellen) oder der spirituellen Welt.

Vergehen, die Vierte Macht, verhilft uns zur Befreiung von der Illusion und öffnet uns die Tür zu unserer wahren Existenz.

Nichts kann wirklich existieren, während es in der Illusion gefangen ist. Nichts kann wirklich existieren, das begrenzt ist von Konzepten, die Geschöpfe des Geistes sind. Weil nämlich unser Geist Konzepte erschafft, die auf vorangegangenen Erfahrungen beruhen. Deshalb ist er in seiner Sichtweise von dem begrenzt, was er schon weiß, erfahren hat, während er versucht das Unbekannte zu verstehen.

Unser Geist erfasst das Unbekannte durch das Prisma des Bekannten.

Während der Befreiung von der Illusion und des kontinuierlichen Fortschritts ist es wichtig, dass du dein Gehirn so trainierst, damit es die Teile verwendet, die normalerweise „schlafen".

Der Geist benutzt das Gehirn als ein experimentelles Instrument in der physischen Welt und bezieht es ein in unsere physische, mentale, emotionale und falls nötig in die spirituelle Entwicklung, die notwendig für unser Überleben ist.

Deswegen muss, solange wir leben, unsere wahre Befreiung von der Illusion in Einklang gebracht werden mit dem Prozess, die schlafenden Gebiete des Gehirns aufzuwecken, die nichts mit dem Überleben zu tun haben.

Solange wir nicht in der Lage sind, die Teile des Gehirns aufzuwecken, die „schlafen“, wird unser sogenannter „spiritueller Fortschritt“ lediglich eine weitere Möglichkeit sein, unser physisches Überleben zu sichern.

Und das hat natürlich nichts mit Befreiung zu tun – egal wie sehr wir etwas anderes glauben.

„Vergehen von Materie und Geist ist das Gleiche, wie von der Illusion zu erwachen. Es zeigt den Beginn unserer wahren Existenz an und ist nur ein Übergang, ein Schritt im gesamten Prozess der Schöpfung. Was in der Illusion nicht existent ist, existiert in der Einheit mit der Höchsten Schwingung. Nur eine solche Existenz ist real, jenseits von Materie und Geist.“

– Aus „Der Meister und die Grünäugige Hoffnung“

In diesem Buch wirst du durch Innere Reisen geführt, die dir ermöglichen dich außerhalb der Konzepte deines Verstandes zu erfahren und dein Gehirn hin- und herschalten zu lassen zwischen deiner sensorischen und deiner spirituellen Wahrnehmung.

Diese Inneren Reisen dienen dem Zweck, dir bei der Erweiterung deines Bewusstseins und dem Schärfen deiner Intuition zu helfen, sowie die Sichtweise deines „dritten Auges“ zu ermöglichen oder zu verbessern. All das führt dazu, die schlafenden Regionen deines Gehirn zu aktivieren.

INNERE REISE
DEINE WAHRE EXISTENZ ERFAHREN

Nimm eine bequeme Position ein, in der du in den nächsten zwanzig Minuten bleiben kannst.

Nachdem du dich niedergelassen hast, atme ein paarmal tief durch.

Gut.

Schritt 1:

Gleich werde ich dich bitten, die Augen zu schließen, nachdem du folgendes getan hast:

Befreie deinen Geist so weit wie möglich von Sorgen, Gedanken und Erwartungen:

Um das zu tun, ist es hilfreich, dich ein bis zwei Minuten auf deinen Atem zu konzentrieren und dabei während des Einatmens bis vier zu zählen, den Atem anzuhalten (bis vier zählen) und ausatmen und dabei bis vier zu zählen.

Danach atme rhythmisch einige Minuten weiter, ohne zu zählen. Das sollte genügen, um deinen Geist leer zu machen und ungewollte Gedanken (die Geräusche deines Geistes) verstummen zu lassen.

Nun bist du bereit für den nächsten Schritt.

Schritt 2:

Du stellst dir vor, dass du auf einer Reise irgendwo in Raum und Zeit bist, wo du keinen physischen Körper mehr hast. Es fühlt sich an, als bestehst du aus einer flauschigen, hellen Energie, die voller Freude vibriert. Wie ein Nebel oder eine Wolke, die in der Dunkelheit dahin schwebt.

Schließe JETZT die Augen und öffne sie wieder, wenn du diesen Schritt getan hast.

***

Gut. Du hast die Augen geöffnet.

Hol ein paarmal tief Atem und mach deinen Geist leer.

Schritt 3:

Lies weiter und dann schließe die Augen und stell dir folgendes vor:

Du schwebst weiter als flauschige Wolke durch das All. Es fühlt sich richtig gut an, sicher und friedlich. Dann bemerkst du, dass sich innerhalb deiner Flauschigkeit etwas beginnt zu entwickeln. Konzentriere dich darauf und stelle fest, dass sich dein Geist gerade entwickelt. Nun hast du einen Geist. Sag laut: „Ich habe jetzt einen Geist“.

Schließe JETZT die Augen und öffne sie wieder, wenn du diesen Schritt beendet hast.

***

Gut. Du hast die Augen geöffnet.

Hol ein paarmal tief Atem. Dann geht es weiter.

Schritt 4:

Leere wieder deinen Geist und schließe die Augen. Du wirst sie wieder öffnen, wenn du dir folgendes vorgestellt hast:

Du schwebst weiter als flauschige Wolke durchs All und einige Bilder gehen dir durch den Kopf.

Irgendwann flüsterst du dir zu : „Ich mag es hier zu sein. Es fühlt sich gut an“.

Schau jetzt nach links (ohne die Augen zu öffnen) und sag laut: „Nun habe ich einen Körper“.

Schließe JETZT die Augen und öffne sie wieder, wenn du diesen Schritt getan hast. Wenn nötig, lies das oben Beschriebene noch einmal.

***

Gut, du hast die Augen geöffnet.

Hol ein paarmal tief Atem und genieße den friedlichen Augenblick. Entspanne dich vollständig. Wenn dein Geist zu laut wird – mach ihn wieder leer.

Schritt 5:

Du wirst du Augen schließen, nachdem folgendes gelesen hast:

Stell dir vor, du schwebst durch das All, aber nun in deiner physischen Form, mit deinem Körper. Das Dahingleiten fühlt sich sehr angenehm an und beruhigt deine Sinne. Du spürst, dass im Augenblick alles für dich möglich ist. Du hast das Gefühl, dass dich nichts in irgendeiner Weise einschränken kann. Also beschließt du, an einem Ort zu landen, an dem alle deine Wünsche schon erfüllt worden sind. Dort (du kannst dir ein Paralleluniversum oder dein Traumland vorstellen) lebst du genauso, wie du es willst.

Du wirst jetzt in dem Land deiner Träume landen.

Bleib nicht zu lange dort. Du bist nur gekommen, um eine Ahnung davon zu bekommen, wie es sich anfühlt an einem solchen Ort zu leben. Erlaube dir, dich zu freuen und erforsche dieses Gefühl für einen kurzen Moment.

Dann schau bei geschlossenen Augen nach links und sag laut: „Jetzt habe ich Emotionen".

Schließe JETZT die Augen und öffne sie wieder, wenn du den Schritt vollzogen hast.

***

Gut. Du hast die Augen geöffnet.

Nachdem du mehrmals tief durchgeatmet und deinen Geist geleert hast, wirst du die Augen wieder schließen und dir folgendes vorstellen:

Schritt 6:

Du sitzt ganz oben auf einem Berg. Unter dir laufen tausende von Menschen umher, leben ihr Leben wie im Schnelldurchgang. Während du die Vorgänge in ihrer Welt beobachtest, fühlst du eine Befriedigung in dir aufsteigen: du hast es geschafft. Du bist ihrer Welt entkommen und bist hoch über ihnen, genießt deine Freiheit und fühlst dich großartig. Es kommt dir ein Gedanke: „Mir geht es besser als denen, die ich dort unten sehe".

Schau mit geschlossenen Augen nach links und sag laut: „Nun habe ich ein Ego".

Beurteile nicht das oben Gesagte. Denk in diesem Moment nicht daran.

Es ist wichtig, in der Erfahrung zu bleiben und erlaube nicht deinem Geist, deinen Emotionen, deinem Ego oder deinem Körper, dir zu diktieren, was du bei diesem Prozess denken oder fühlen sollst. Bleib offen und vertrau dir.

Schließe JETZT die Augen.

Gut, du hast die Augen wieder geöffnet. Du hast den Schritt beendet. Du bist bereit für den nächsten.

Fahre mit dem Lesen fort, ohne die vorherige Erfahrung zu verarbeiten.

Hole mehrmals tief Luft und leere deinen Geist (zähl in Geist beim Einatmen von 1 bis 4, halte den Atem an und zähl von 1 bis 4, dann atme aus und zähl von 1 bis 4).

Du wirst die Augen schließen, um die gesamte Erfahrung dieser Inneren Reise zu verarbeiten, nachdem du folgendes gelesen hast:

“Treppe zur Befreiung

1. Gefangen in der Illusion ist es einer *eingekerkerten Seele* nicht möglich, eine bewusste Wahl für das Wie und das Wo ihres Aufenthaltsortes zu treffen. Oft wird sie vom Ego, den Emotionen oder dem Geist überstimmt, wenn diese auf Ereignisse reagieren.

2. Andererseits benutzt die *befreite Seele* bewusst die Illusion zu ihrer Entwicklung und akzeptiert, was ist, um ihre Schwingungen zu erhöhen. Wenn sie das alte Ereignis hinter sich hat, wählt sie ein neues, ohne dass sie dem Ego oder dem Geist Gelegenheit gibt die Umstände zu kontrollieren oder sie zu vermeiden, weil diese vielleicht für Unbehagen des Körpers oder der Emotionen sorgen oder Wünsche aufkommen lassen.

3. Der Seele verlangt es immer danach zu wachsen. Die Wünsche des Egos, der Emotionen, des Körpers oder des Geistes sind zu kontrollieren, zu vermeiden, zu entkommen, Nachsicht zu zeigen, zu dominieren oder sich zu befriedigen.

Eine *befreite Seele* wünscht sich neue/andere Erfahrungen im Leben, nachdem die vergangenen ihren Dienst getan haben, fordert Führung, die Wachstum und mehr Glück verspricht.

Die Wünsche einer *eingekerkerten Seele* rühren, wenn sie vom Ego, den Emotionen, dem Körper oder dem Geist überstimmt ist, her von ihrem Unbehagen mit den alten oder dem Missfallen mit den neuen Erfahrungen. Das fordert Widerstand heraus, Leiden, Gewalt oder Manipulation und führt zu noch mehr Unbehagen in ihrem Leben. Selbst wenn der Status oder die Umstände sich ändern, so ist der Fortschritt nur temporär und das Unwohlsein besteht weiter.

4. Das größte Wunder unserer Existenz ist, dass wir alle zum sogenannten „Erwachen" fähig sind und zur Befreiung unserer Seele. Wenn wir bereit sind, geschieht es uns und dann ist es, als Geschenke sind frei.

Du bekommst sie, wenn du die Tür öffnest. Du bist bereit die Tür zu öffnen, sobald du erkennst, dass du bereit für ein Geschenk bist. Sich darum zu bemühen macht uns in Wirklichkeit linkisch, blind und taub durch unsere eigenen Konzepte. So versperren wir die Tür und kommen nie zu unserem Geschenk."

– Aus „Der Meister und die Grünäugige Hoffnung"

Lies den Text oben, sooft es nötig ist. Dann schließt du erneut Augen, um den Prozess der Inneren Reise zu verarbeiten. Du hast keine Eile, es spielt keine Rolle, wie lange es dauert. Es ist wichtig die Dinge ganz in deinem eigenen Rhythmus auf harmonische Weise geschehen zu lassen.

Wenn du bereit bist, kannst du zum Lesen zurückkehren. Alles ist gut. Alles ist genauso, wie es sein soll.

Schließe JETZT die Augen.

***

Gut. Du hast die Innere Reise verarbeitet.

Vergehen lehrt uns, dass alles, was wir in der physischen, also der materiellen Welt erfahren, nur eine Reise ist, die uns hilft, die Schönheit unserer Existenz zu finden.

Das Einzige Maß für eine solche Reise ist die Weisheit unseres Herzens – unsere reine Essenz, unser inneres Sein, wo wir frei sind von Konzepten, Meinungen und Beschränkungen.

Um im Einklang zu sein mit Vergehen, ist es wichtig unser Leben in dem Bewusstsein zu leben, dass die einzige Realität unsere Erfahrung ist. Wir sind hier, in dieser physischen Welt, um als Bewusstsein, das wir sind, voranzukommen und um uns eine Chance zu geben, unser volles Potential im Leben auszuschöpfen.

Lerne zu erkennen, wer du bist und was deine Aufgabe im Leben ist.

Was auch immer dir wichtig ist, was auch immer du in deinem Leben für wertvoll erachtest – finde Möglichkeiten, dazu beizutragen.

Ein Ziel, ein Zweck, eine Aufgabe kann Verschiedenes für verschiedene Menschen bedeuten. Für einige ist es die Karriere, die die höchste Priorität in ihrem Leben hat. Andere schätzen die Familienwerte und die Spiritualität am höchsten ein, wieder andere halten es mit den sozialen Veränderungen und finden es am wichtigsten, anderen zu helfen. Was dich auf einem tieferen Level anspornt, solltest du erkunden. Sieh in dein Herz und finde heraus, was es dir sagt.

Hilfreiche Affirmationen:

„Ich folge jedem neuen Weg mit Neugier. Ich werde herausfinden, wohin er führt, wenn ich meinen nächsten Schritt tue. Ich heiße alles auf meinem Weg willkommen und finde wichtig, was meinem Wachstum und meiner Erfahrung dient. Ich weiß, dass ich alle Hindernisse überwinden kann, indem ich meiner inneren Führung folge, dem „Barometer der Wahrheit".

„Ich bin mehr und mehr im Einklang mit meinem Herzen."

– Aus dem Buch „365 (+1) Affirmationen, für ein großartiges Leben"

Was geschieht, wenn wir nicht im Einklang sind mit der Vierten Macht?

Vergehen ist verbunden mit dem vierten Chakra, dem sogenannten „Herzchakra".

Manche Menschen sagen, es befinde sich in der Herzgegend, obwohl das nicht ganz richtig ist, weil, wie wir bereits wissen, die Chakren nicht auf diese Weise mit dem Körper verbunden sind. Aber so können wir uns das Chakrensystem besser vorstellen.

Wenn die Vierte Macht nicht frei durch dein „Herzchakra" fließen kann, entwickeln sich möglicherweise eine Anzahl von Symptomen. So wurden von Heilern Krebs, Herz- und Kreislaufprobleme, Störungen der Thymusdrüse (Symptome sind: Atemnot, Gesichtsschwellung, Muskelschwäche, verschwommenes Sehen, Doppelsehen, Nacken-schmerzen und/oder Schwellung, Erröten, Durchfall, Asthma usw.), Wirbelsäulenprobleme (am häufigsten Skoliose), häufige Erkältungen (oder Grippe), Depressionen, bipolare Störungen, Borderline-Persönlichkeitsstörungen usw. festgestellt.

Überlebensängste, Todesfurcht, Angst vor Schmerzen, vor Einsamkeit, Dauerstress und nervöse Spannungen werden auch im Zusammenhang mit der schlechten Funktion des „Herzchakras“ gesehen. Getrieben von derartigen Ängsten kann es dazu kommen, dass du deine Beziehung sabotierst, nie emotional erwachsen wirst, unbewusst die sogenannten „falschen Leute“ anziehst (Liebhaber, Partner) und anfällig sein kannst für Unfälle oder du gerätst in gesundheits-/lebensbedrohliche Situationen.

Ist dein viertes Chakra überaktiv, kann es sein, dass du andere mit deiner Liebe und Zuneigung belästigst, coabhängig werden kannst oder übertrieben fürsorglich deinen Kindern gegenüber bist. So hat deine Liebe höchst wahrscheinlich selbstsüchtige Motive.

Wenn du dich auf die Vierte Macht, Vergehen, einschwingst, ist es wichtig die richtigen Werkzeuge zur Hand zu haben, die dir helfen, negative Muster in deinem Unterbewusstsein aufzulösen und dir zu emotionaler Heilung verhelfen (geführte Meditationen, tägliche Affirmationen und MP3s, die positive Botschaften übermitteln). Und natürlich ist es hilfreich, deine Schatten zu transformieren, deine Schwingungsfrequenzen zu erhöhen und dich zu entwickeln.

Um dein „Herzchakra” ins Gleichgewicht zu bringen, solltest du folgendes ausprobieren:

- Yoga

- Atemübungen

- Vergebungstherapie

- Inneres – Kind – Therapie

- Massagen

- Im Team oder in Gruppen arbeiten, die zwischenmenschliche Verbindungen stärken

- Für den Planeten/Tiere sorgen

- Dem Sonnenuntergang, dem Regen oder Schneefall zuschauen

- Psychologische Thriller in jeder Form (Aktionsfilme, Bücher etc) meiden

- Keltische, mittelalterliche, ostindische, klassische Musik und Eingeborenenmusik hören

- Instrumente wie Harfe, Violine, Flöte, Klavier anhören oder spielen

- 639 HZ oder 528 HZ Solfeggio Frequenzen anhören, die in der Tonheilung verwendet werden

- Urlaubsreisen nach Westeuropa, Indien, Australien, Ozeanien unternehmen

- Unterhaltung: Gruppenaktivitäten, lesen oder anschauen von Familiensagen, romantischen Büchern oder Filmen, Fantasy

- Sammeln von Edelsteinen, Pflanzen/Kräutern und Kunst aus Indien,

Australien, Ozeanien

- Dokumentarfilme über Eingeborenenhochzeiten, Familienzusammenkünfte, Tiere anschauen

- Engere Verbindungen zu Familienangehörigen und Freunden suchen

- Andere hilfreiche Aktivitäten: Meditation jeder Art

- Alles andere, was du Hilfreiches finden kannst, um dein „Herzchakra" ins Gleichgewicht zu bringen: spezielles Essen, Gewürze, Edelsteine, Metalle, Düfte, Aromatherapie. Es gibt viel Information in entsprechenden Büchern und Artikeln. Manche Menschen suchen Hilfe bei guten und vertrauenswürdigen Reki-Meistern und Energieheilern

Wenn du im Einklang bist mit der Macht des Vergehens bist, dann fließt sie frei durch dein Herzchakra und lässt dich im vollen Bewusstsein deiner Erfahrungen leben..

Was bedeutet das? Es bedeutet, dass du ganz bewusst die Illusion benutzt, um das Bewusstsein, das du bist, zu erweitern und in Harmonie mit den 7 Mächten bist.

Alles was du denkst und tust, wird zu einer geschickt ausgeführten Aktion, die zu deinem Wachstum beiträgt.

Wenn du gelernt hast, wie du Erfahrungen für dein Fortkommen nutzen kannst, akzeptierst, was ist und bewusst entscheidest, wo und wie du als nächstes bist, fängst du an, dich von der Illusion zu befreien.

Du kannst bewusst dein Leben und die Gesellschaft anderer genießen, während du dich auf die Energie der reinen Liebe einstimmst (Kapitel 12).

Wenn du frei bist von der Illusion, kannst du deine wahre Existenz genießen.

Die Meisterlehren der Hoffnung verwenden die Zahl 4$^{(4)}$ um symbolisch die Vierte Macht, Vergehen, zu repräsentieren.

Die folgenden Zeilen aus „Der Meister und die Grünäugige Hoffnung" erklären das genauer:

„7 — 5 + 2 → 4 $^{(4)}$

Leben minus Entwicklung plus Dualität der Manifestation führt zur Zahl Vier (die Vierte Macht).

Das heißt:

Wenn das Leben aufhört, sich weiterzuentwickeln (physischer Tod), dann wird die materielle Entwicklung von dem Leben ‚abgezogen'. Und wenn jemand gelernt hat, die Illusion zu verlassen, dann erwacht er/sie in der Wahrheit (das heißt, er wird der Dualität der Manifestation ‚zugezählt').

Der gesamte Prozess führt zu wahrem Vergehen: 4 $^{(4)}$."

KAPITEL 10

VOM VERGEHEN KOMMT DIE FÜNFTE MACHT: ERKENNEN

Alles als Teil des Einen Ganzen zu sehen, bedeutet reine Liebe in allem wahrzunehmen und anzuerkennen

„'Die Fünfte Macht', sagte er, 'ist das Erkennen und die Wahrnehmung von Liebe.'
'Welche Liebe?' Ich war fasziniert.
'Die Höchste Schwingung „ist aus Liebe gemacht, besteht aus Liebe“, wie manche sagen würden. Und tatsächlich ist reine Liebe eins der Aspekte der Höchsten Schwingung. Und diese Liebe ist in allem zu finden.'
(…) 'Was ist diese Fünfte Macht genau?'
'Sie wird Wahrnehmung genannt. Wenn du imstande bist, alles als Teil der Höchsten Schwingung anzuerkennen und wahrzunehmen, dann nimmst du wahre Liebe wahr. Wahrnehmen wird bei uns im Tempel von der Zahl Eins repräsentiert. '
'Warum die Zahl Eins?' fragte ich .
'Eins steht für Einheit. Alles mit reiner Liebe wahrzunehmen eint

alles und erkennt es als gleich an. Alles wird eins. Und ich meine alles. Ohne Ausnahme.'"

– Aus „Der Meister und die Grünäugige Hoffnung"

Du hast sicher schon die Feststellung gehört: „Wir sind alle eins" – ehe du nach diesem Buch gegriffen hast, und bevor du im Kapitel 2 über Verbundenheit gelesen hast (Quantenmechanik: alle Dinge, die jemals miteinander interagiert haben, sind für immer miteinander verbunden, „verwickelt").

Und vielleicht hast du auch schon darüber nachgedacht.

Was ist „Einssein", über das einige Menschen reden? Warum ist es wichtig zu verstehen, was es bedeutet? Und was sollen wir mit diesem Wissen anfangen?

Es ist tatsachlich nicht genug, diese Feststellung einfach nur zu wiederholen. Liebe, spirituelles Wachstum und Einssein mit allem – bleiben abstrakte Konzepte des Geistes, solange ein Riss besteht zwischen diesem Konzept und dem Leben, das wir in Wirklichkeit führen.

Im Kapitel 5 hast du bereits erfahren:

Wir sind alle Teil eines wunderschönen Designs, das gleichermaßen Design und Designer ist – das heißt, das Design, das sich selbst erschafft.

Lass uns nun versuchen zu verstehen, wie wirklich alles begonnen hat oder woher Schöpfung/Schöpfer kamen. Manche sprechen von Gott oder Göttin, dem Geist, der Höheren Macht, dem Überbewusstsein oder der Höchsten Schwingung, wie wir sie in den Meisterlehren der Hoffnung nennen.

Es ist nicht das Ziel dieses Buches, dir vorzuschreiben, welche Religion oder philosophische Überzeugung für dich die beste ist.

Die Meisterlehren der Hoffnung wertschätzen und respektieren alle Überzeugungen gleichermaßen:

Wir verstehen alle Religionen und philosophischen Überzeugungen als Ausdruck spezieller örtlicher und kultureller Konditionierungen, die Menschen dazu bringen, Gott/Göttin/Götter/den Geist/die Höhere Kraft/ das Überbewusstsein usw. wahrzunehmen und auf eine bestimmte Weise anzubeten.

Sie alle stecken jedoch voller menschlicher Weisheit, auf die man zugreifen kann – ohne sich auf die besonderen Überzeugungen zu konzentrieren, die sie fördern.

„Finde deine eigene, wahre Verbindung mit Gott, ob nun durch die Religion, in der du aufgewachsen bist oder durch etwas vollkommen Neues, das deinem Herzen nahe ist. Was auch immer dein Weg ist, immer muss er mit einer wahren Verbindung mit deinem Inneren beginnen, bevor du dich unterwegs für die Wahrheit in deinem Leben entscheidest."

– Aus „Der Meister und die Grünäugige Hoffnung"

Die Macht des Erkennens ist der nächste Schritt zur völligen Aktualisierung des Bewusstseins, das du bist.

Es ist der nächste Schritt zur Befreiung deiner Seele und hängt

direkt mit dem Glückszustand in deinem Leben zusammen.

<u>Eine völlig befreite Seele ist im Einklang mit den Erkennen und versteht das Einssein von uns allen:</u>

Sich mit allen eins zu fühlen erfüllt uns mit Freude, Harmonie, Zufriedenheit mit dem Leben, wir sehen alles als wertvolle Erfahrung, bezwingen unbewusste Ängste, erfüllen unsere Träume ohne dem Planeten und anderen Schaden zuzufügen, erreichen unsere Ziele im Leben, vibrieren voller Liebe und reinem Glück.

Das Gefühl der Trennung führt zu Konkurrenz, Stress, Kampf, dem Fortbestehen unbewusster Ängste. Das Gefühl der Erfüllung im Leben stellt sich nicht ein, dem Planeten und anderen wird Schaden zugefügt, Hass, Wut, Negativität und pures Unglück sind die Folge.

Glück im Leben oder der Mangel daran hängt davon ab, ob wir erkennen, dass wir alle verbunden sind und Teil des Einen Ganzen (das heißt Einheit mit der Höchsten Schwingung) oder ob wir glauben, dass wir alle voneinander und von allem anderen getrennt sind.

„Lass mich die Analogie verwenden, die mir schon geläufig ist, um dir die Verbindung, die wir alle miteinander haben, zu erklären.'
'An alten Analogien ist nichts verkehrt', stimmte der Meister zu.
Man hatte uns alle mit einem Ozean verglichen, erinnerte ich mich. Ich stellte mir eine abgrundartige blaugrüne Tiefe vor, die sich aus vielen Tropfen, die wir waren, zusammensetzte. Einige von uns schwammen auf den Wellen und reflektierten den Sonnenschein und das Mondlicht. Manche Tropfen trugen Boote und Schiffe. Die einen wurden dauernd gegen die Felsen geworfen, während andere immerwährend auf und nieder hüpften, sich um sich selbst drehten

und so Wirbel verursachten.
'Jeder Tropfen hat ein anderes Schicksal, eine andere Art, der Ozean zu sein', stimmte Rhami-yata zu.
Ich fuhr fort mit meiner Geschichte, konzentrierte mich weiter auf die Tropfen, die auf und nieder hüpften und sich drehten. Ihre Natur war 'lärmend' und andere Tropfen in ihrer Nähe wurden oft in ihren Sog gezogen. Einige gerieten in die Mitte des Wirbels, andere mehr an den Rand.
Über dieses Bild musste ich lachen. 'Es scheint', sagte ich, 'dass wir Tropfen andere Tropfen beobachten und zu einem Urteil über sie kommen. Und dann sagen wir: ‚Schau dir diesen auf und ab hüpfenden Tropfen an. Welch einen Wirbel er macht! Er muss etwas Besonderes sein, besser als andere Tropfen! Ein wahrer Star! Ein großer Politiker oder eine Berühmtheit'.'
Rhami-yata schmunzelte. 'Tatsächlich, Hermenethre, so muss es sein.'
Die Tropfen in meiner Geschichte beobachteten nun diejenigen, die gegen die Felsen geschmettert wurden und ich konnte fast hören, wie sie sich darüber unterhielten, wie schmerzhaft doch das Los war, das sie getroffen hatte. Sie würden wahrscheinlich bestraft für etwas Böses, dass sie getan hatten oder sie waren dumm genug, sich so sehr abzumühen. 'Oh, wir sind wohl viel besser als die!', sagten manche. 'Unsere einzige Aufgabe ist es, hier auf dieser angenehmen Welle dahinzugleiten und das Licht zu reflektieren. Wir müssen privilegierte, außergewöhnliche Tropfen sein.'
Der Meister nickte langsam und beobachtete mich aufmerksam, wie ich meine Geschichte entwickelte. Seine Augenfarbe glich nun der grün-blauen Farbe des Ozeans, den ich gerade vor meinen Augen hatte entstehen lassen.
'So programmieren wir uns und andere', sagte ich. 'Während wir auf und ab hüpfen, verursachen wir aktiven und kreativen Tropfen Wirbel und ‚bedeutende' Spritzer. Ja, es macht Spaß, aber diese Tätigkeit ist nicht das Wichtigste. Das spüre ich.'
Er fragte, was denn das Wichtigste sei und bei dieser Frage wurden seine Augen grau wie die Statuen, die stumme Zeugen all dessen wurden, was sich hier in der Kammer der Sieben Mächte ereignete. Ich sah seine Augen und die Statuen und begriff auf einmal, dass

jeder einzelne Tropfen seine ganz eigene Aufgabe hatte. Durch unsere Erfahrungen lernten wir und dehnten uns aus, gewannen Weisheit und Wissen. Jeder einzelne Tropfen war gleich wichtig. Keiner schlechter. Keiner besser. Jeder war einzigartig, konnte nicht fortgeschickt, ersetzt oder vergessen werden. Jede einzelne Erfahrung eines Tropfens war eine Quelle von Weisheit für den gesamten Ozean."

– Aus „Der Meister und die Grünäugige Hoffnung"

Alles als einen Teil des Einen Ganzen zu erkennen bedeutet, die reine Liebe in allem wahrzunehmen und anzuerkennen.

Obwohl die reine Liebe der einzige Aspekt der Höchsten Schwingung ist – ist es ein Aspekt, den wir ganz leicht erkennen können, weil wir tief in uns auf die eine oder andere Weise alle das Bedürfnis nach reiner Liebe in uns tragen, indem wir sie mit Güte, Altruismus, höherem Bewusstsein und Glück in Verbindung bringen.

Je höher die Stufe unseres Bewusstseins ist, desto mehr Freude können wir in unser Leben und das der anderen bringen.

Die Stufe unseres Bewusstsein ist direkt verbunden mit dem Grad unserer Freude.

Freude hilft uns neue Ideen zu entwickeln, über spezielle Informationen hinauszugehen, außerhalb des Gewöhnlichen zu denken und neue kreative Lösungen zu finden.

Es öffnet sich eine Tür zum besseren Verständnis des „Lebensmechanismus", zur Erweiterung des Bewusstseins und hilft uns weit über unsere Grenzen hinauszugehen.

Der Zustand bewussten Glücks liegt in unserer Hand.

Wie alles andere, was wir bewusst erleben, bedarf es unserer Aufmerksamkeit, um initiiert und dann aufrechterhalten zu werden.

Wir sprechen hier nicht über unsere emotionale Antwort auf äußere Umstände:

Freude, Traurigkeit, Ärger oder Frustration, die du fühlst, während du auf Menschen oder Situationen reagierst, zeugen nur vom Grad deiner Wahrnehmung.

Abhängig von der Sichtweise, die du von dir selbst und von der Welt hast, reagierst du und erfährst dein Leben, dich selbst und die Welt in besonderer Weise (Kapitel 8).

Dir sind sicher schon Menschen begegnet, deren Glückszustand jeder Logik widerspricht und jeder Argumentation, wie wir sie gewöhnt sind. Diese Menschen bleiben in jeder Lebenslage gut gelaunt und froh. Manche sind arm, ungebildet und sogar Analphabeten. Manche führen ein normales Leben, haben reguläre Jobs und schlagen sich mit den gleichen Problemen herum, wie der Rest der Gesellschaft. Es gibt chronisch Kranke oder Hungernde unter ihnen, die in einer verarmten Gegend der Welt leben.

Und dennoch! Ungeachtet ihres Hintergrunds und ihrer Lebensumstände haben diese Menschen eins gemeinsam: sie sind glücklich.

Es scheint ihr natürlicher Zustand zu sein und wir denken oft, dass sie die Glücklichen unter uns sind, weil sie so geboren wurden.

Hier ist eine gute Nachricht für dich: auch du bist so auf die Welt gekommen.

Was ist inzwischen geschehen?

Es kann viele Gründe dafür geben, warum wir persönliche Erfahrungen machen, die unsere angeborene Lebensfreude zerstören. Normalerweise können wir sie auf eine bestimmte Programmierung eingrenzen, die uns in unserer Kindheit oder frühen Jugend auferlegt wurde. Sie führt dazu, dass wir wie die Roboter und Automaten auf unsere Umgebung reagiere, und damit engen wir unser Bewusstsein zu einem blinden Werkzeug ein, das mehr oder weniger blind reagiert.

Was uns belastet, beeinträchtigt unseren natürlichen Glückszustand. Wenn du an der Vergangenheit festhältst, bleibt das vergiftende Gefühl, das die schmerzhaften Erinnerungen an vergangene Ereignisse hervorruft.

Bereust du oft Dinge, die du getan oder nicht getan hast? Bedauerst du manchmal die Richtung, die du im Leben eingeschlagen hast? Hättest du gerne eine andere Vergangenheit? Würdest du die Chance begrüßen, manches noch einmal machen zu können?

Wenn deine Antwort „ja“ ist, wird dein Leben von Schuld oder Bedauern geprägt.

Es besteht die Möglichkeit, dass du im Leben nicht rechten Erfolg haben wirst, keinen Zustand erreichst, in dem du wirklich glücklich bist, weil du dein eigenes Leben unbewusst sabotierst.

Wenn du an Groll und Ärger festhältst, erlaubst du deinen alten Erinnerungen, dein Leben zu kontrollieren. Du kreierst unbewusst noch mehr Situationen, in denen du verletzt werden kannst, wieder und wieder.

Wenn du an Groll und Ärger festhältst, gibst du dein Glück auf und begnügst dich stattdessen mit Unglück. Du kannst keinen inneren

Frieden finden und dich nicht mehr freuen.

Der einzige Weg, dir und denen, die dir weh getan haben, zu vergeben ist, nicht stehen zu bleiben, weiterzumachen.

Schuld und Ärger verschließen dein Herz und machen dich blind für reine Liebe.

Wenn du denen vergibst, die dich verletzt haben, brauchst du ihnen nur in deinen Herzen zu vergeben. Freundschaft zu schließen, ist dabei gar nicht nötig, nicht einmal Kontakt mit ihnen.

Tust du das, so geschieht das für dich selbst, damit du glücklich sein und Erfüllung finden kannst. Du verdienst ein besseres Leben, das frei ist von alten Schmerzen und nicht begrenzt wird von deiner Vergangenheit. Du bist es wert.

Dein Herz weiß, wie man vergibt. Dein Verstand weiß, wie man frei ist. Sie brauchen nur deine Erlaubnis, es in die Tat umzusetzen.

INNERE REISE

DICH VON SCHULD UND ÄRGER BEFREIEN

Such dir einen Platz, wo du ungestört sein kannst.

Wenn du dich niedergelassen hast, atme mehrmals tief durch.

Gut. Gleich werde ich dich bitten die Augen zu schließen, nachdem du folgendes gelesen hast:

Schritt 1:

A: Stell dir vor, du sitzt am Strand mit dem Blick auf den wunderschönen, smaragdfarbenen Ozean. Du betrachtest die friedlichen Wellen und fühlst eine stille Freude in dir aufsteigen.

B: Und noch etwas spürst du: Sehnsucht. Du möchtest mit dem Ozean verbunden sein. Du weißt, dass das Getrennt sein nur eine Illusion ist. Du gehörst ebenso zu dem Ozean, wie er zu dir gehört. Die Erkenntnis ein Teil zu sein von allem, was dich umgibt, fühlt sich großartig an.

Schieße JETZT die Augen und öffne sie wieder, wenn du diesen Schritt getan hast.

***

Gut. Du hast die Augen wieder geöffnet.

Schritt 2:

Hol ein paarmal tief Atem und fahre fort. Du schließt die Augen wieder, nachdem du die nächste Aufgabe beendet hast:

A: Erkenne, dass es deine Entscheidung ist, die dich in der Illusion festhält, vom Ozean getrennt zu sein.

Als nächstes wird dir klar, dass du, anstatt einfach eine andere Wahl zu treffen, wenn du die Konsequenzen deiner vorherigen Entscheidung erkannt hast, dazu neigst, dir die Schuld für das zu geben, was daraufhin geschieht. Deine Negativität beeinflusst und begrenzt folglich jede deiner künftigen Entscheidungen.

B: Du entschließt dich, dir alles zu verzeihen, wofür du bisher die Schuld auf dich genommen hast. Schau mit geschlossenen Augen nach links und spricht laut die Worte der Selbstvergebung (du kannst sie auch flüstern).

Beispiele:

Ich vergebe mir dafür, dass ich mir nicht erlaubt habe, all das zu sein, was ich hätte sein können.

Ich vergebe mir dafür, dass ich an alten Schmerzen und quälenden Erinnerungen festhalte.

Ich vergebe mir dafür, dass ich nicht erreicht habe, was ich gerne erreicht hätte.

Ich vergebe mir dafür, dass ich mich und andere nicht geachtet und hochgeschätzt habe.

Ich vergebe mir dafür, dass ich mich nicht als das, was ich bin, anerkannt habe.

Die Wortwahl, wie du dir vergibst, ist vollkommen dir überlassen. Dann sage:

„Ich akzeptiere mich völlig so, wie ich bin."

Schließe JETZT die Augen und öffne sie, wenn du die Aufgabe beendet hast.

***

Gut. Du hast die Augen wieder geöffnet.

Hol mehrmals tief Atem und nimm dir etwas Zeit, das zu verarbeiten, was gerade geschehen ist.

Wenn das bei dir Emotionen auslöst, du weinen möchtest oder eine Pause brauchst, ist das in Ordnung. Lass deinen Gefühlen freien Lauf und vertraue deinem eigenen Prozess. Du hast keine Eile.

***

Gut. Du bist zur Inneren Reise zurückgekehrt und kannst den nächsten Schritt tun.

Schritt 3:

Hol ein paarmal tief Atem . Konzentriere dich auf deinen Atem und leere deinen Geist (wenn du nicht mehr weißt, wie das geht – im Kapitel 9 findest du die Beschreibung).

Gleich werde ich dich bitten die Augen zu schließen, nachdem du folgendes gelesen hast:

Erinnere dich an alle Menschen, die dir wissentlich oder unwissentlich Schmerz oder Unbehagen bereitet, die dir Probleme gemacht haben.

Ebenso wie deine Negativität dich begrenzt und in der Illusion festhält, so verhält es sich auch mit dem Gefühl von Schmerz/Verletzung und Schuld, das du anderen gegenüber empfindest.

Stell dir mit geschlossenen Augen ihre Gesichter, eins nach dem anderen vor und sag zu jedem einzelnen von ihnen:

„Ich vergebe dir. Du schuldest mir nichts mehr. Ich bin nun frei von dem schmerzhaften Band, das wir geschaffen haben. Wir gehen jetzt jeder unseren eigenen Weg."

Nimm dir Zeit diesen Schritt zu beenden. Vielleicht musst du ihn in Abschnitten machen. Es kann sein, dass du dich nicht gleich an jeden (Menschen) erinnerst.

Es ist auch in Ordnung alles noch einmal zu, machen, wenn du

denkst, dass es nötig ist. Es gibt für diesen Schritt der Inneren Reise keine Regeln. Wie du vorgehst, ist deine Entscheidung.

Nachdem du diese Aufgabe beendet hast, nimm dir Zeit diese Erfahrung zu verarbeiten.

Fahre mit dem Lesen nur dann fort, wenn du es möchtest.

Schließe JETZT die Augen.

***

Gut. Du hast dich entschlossen, weiterzulesen.

Die Fünfte Macht, Erkennen, lässt uns nicht nur die Gegenwart der Höchsten Schwingung in allem, was ist, erblicken, sondern hilft uns auch die menschliche Freundlichkeit zu sehen, die unter der Unvollkommenheit der Menschen wohnt. Tief im Innern wollen wir alle das Gleiche: ein friedliches, glückliches und erfüllendes Leben.

Wenn wir die Harmonie in allen Begebenheiten suchen, erkennen wir auf einmal, dass jeder von uns allen Teil eines riesigen Energiefeldes ist.

Wir alle haben unsere persönlichen Erfahrungen, während wir gleichzeitig Teil einer riesengroßen Gemeinschaft sind – der symbolische Ozean, in dem alle miteinander verbunden sind, geradeso wie die Tropfen im Meer. In dem Sinn sind wir niemals allein.

Ob wir uns dessen bewusst sind oder nicht, gehören wir der Welt so, wie die Welt uns gehört.

Aufgrund der Fünften Macht, Erkennen, erleben wir eine Veränderung in unserem Bewusstsein und wechseln von Unbehagen zu dem Bewusstsein von Liebe und Freude, die in allem Leben ist.

Was geschieht, wenn wir nicht im Einklang sind mit der Fünften Macht?

Erkennen ist verbunden mit dem fünften Chakra, das auch das „Halschakra" genannt wird.

Manche meinen, es sei dort, wo sich der Adamsapfel befindet, aber wie wir bereits wissen, ist das nicht ganz richtig, weil die Chakren nicht auf diese Weise mit dem physischen Körper verbunden sind, aber so kann man sich das Chakrensystem besser vorstellen.

Wenn die Fünfte Macht nicht frei durch dein „Halschakra" fließen kann, ist es möglich, dass allerlei Symptome wahrgenommen werden. Heiler haben Probleme in den Atemwegen beobachtet (Asthma, Lungenkrankheiten etc.) in der Schilddrüse, mit den Zähnen, dem Zahnfleisch, dem Kiefer, den Mandeln und Hals, den Stimmbändern und der Speiseröhre. Sprachprobleme wie Stottern wurden darauf zurückgeführt.

Ist das fünfte Chakra weniger aktiv, ist man vielfach introvertiert und schüchtern und möchte nicht die Wahrheit sagen. Ist es überaktiv, kann es zu übermäßigem Reden führen (gewöhnlich, um andere auf Distanz zu halten) und derjenige kann schlecht zuhören.

Die Angst, beurteilt zu werden, und die Angst vor Unzulänglichkeit hängen gewöhnlich mit einer schlechten Funktion des „Hals-Chakras" zusammen. Durch diese Angst kann es zu einer verzerrten Sichtweise von dir selbst kommen und du fühlst dich nicht nur getrennt von der Welt, sondern du fürchtest dich auch davor, in ihr zu leben. Du entwickelst soziale Phobien, machst kaum den Versuch, eine richtige Beziehung einzugehen und erreicht niemals dein volles Potential.

Schwingst du dich ein auf die Fünfte Macht, Erkennen, ist es wichtig, die richtigen Werkzeuge zu Hand zu haben, die dir helfen, die negativen Muster in deinem Unterbewusstsein aufzulösen und dich emotional zu heilen (geführte Meditationen, tägliche Affirmationen und MP3s mit positiven, unterschwelligen Botschaften) und auch hier heißt es, die Schatten zu transformieren, was dir helfen wird, die Frequenz deiner Schwingungen zu erhöhen und dich zu entwickeln.

Um dein „Halschakra" ins Gelichgewicht zu bringen, kannst du folgendes ausprobieren:

- Yoga

- Atem- und Dehnübungen

- Vergebungstherapie

- Nimm Kontakt mit Natur und Wasser in jeder Form auf : Walking, Fahrrad fahren, schwimmen, segeln)

- Im Regen spazieren gehen, am Strand laufen, Berge besteigen

- Keine negativen Nachrichten hören/lesen, Tratsch, Beschwerden, Horror, furchterregende Magazine/Bücher/Filme meiden

- Klassische Barockmusik, Symphonien, Opern, gregorianische Gesänge anhören, sowie Gesänge von australischen, süd- und nordamerikanischen Eingeborenen

- Musikinstrumente wie Harfe, Flöte, Saxophon, Trompete und andere Blasinstrumente anhören und spielen

- 741HZ und 528 HZ, Solfeggio Frequenzen sowie Klangheilung anhören

- Ferien /Trips und Retreats in die Natur unternehmen, Besichtigungen von Ruinen und Monumenten alter Zivilisationen, Reisen nach Europa,

Indien, Amerika, Australien, Ozeanien

- Hilfreiche Aktivitäten: Meditation, Entspannung

- Alles was du an besonderen Speisen, Gewürzen, Edelsteinen, Metallen oder Düften/Aromatherapie finden kannst, das dein „Halschakra“ ins Gleichgewicht bringen könnte, auch Bücher, Artikel, die darauf hinweisen

- Hilfreich ist auch ein guter, vertrauenswürdiger Reki-Meister und jede andere Art von Energieheiler. Einige finden es auch nützlich, die Lehren spiritueller Meister (westlich / östlich / schamanisch) zu erforschen und sie entweder zu praktizieren oder zu studieren und zu vergleichen und dann die eigene Art zu finden, die Welt und das Selbst zu verstehen

Wenn du dich auf die Macht Erkennen einschwingst, ist es gut, einen Ort zu finden, an den du entspannen und dich zeitlos fühlen kannst:

Es ist das Konzept von Zeit, das uns im Wege ist, wenn wir nach Einheit suchen, während wir im Tagesgeschehen gefangen sind.

„Lineare Zeit – dachte ich, als ich die Uhrzeit neu einstellte – ist ein anderes Konzept, das uns der Höchsten Schwingung völlig entfremdet. Wie alles andere so nehmen wir Gott durch unser Zeitkonzept wahr: jemand, der uns in der Vergangenheit erschaffen hat und den wir in der Zukunft treffen werden, nachdem wir gestorben sind oder 'erleuchtet', je nachdem, an was wir glauben.
Wenn wir das lineare Zeitkonzept aus unseren Köpfen verbannen würden, könnten wir tatsächlich die Ewigkeit, die Allgegenwart und die reine Liebe erfahren – und das ist nur möglich, wenn es

keine Konditionierung aus der Vergangenheit und der Zukunft gibt. Wir könnten in einem einzigen zeitlosen Augenblick eins sein mit der Höchsten Schwingung. Und dieser ewige Augenblick würde in unserer Realität jenseits der Illusion von Materie, Geist und Zeit stattfinden.“

– Aus „Der Meister und die Grünäugige Hoffnung“

KAPITEL 11

ERKENNEN FÜHRT ZU DER SECHSTEN MACHT: ERLAUBEN

Vollständig von der Macht des Erlaubens zu profitieren bedeutet der Vision deines Herzens vollkommen zu vertrauen

„Die Sechste Macht, die du heute kennen lernst, wird Erlauben genannt', sagte er.
'Erlauben?', wiederholte ich. 'Meinst du wirklich gestatten?'.
'Erlauben, gestatten, eine Wahl treffen', sagte Rhami-yata. 'Dinge entstehen oder auch nicht wegen der Macht Erlauben. Es muss eine Wahl getroffen werden, damit die Höchste Schwingung etwas erschafft'.
'Ja, ich verstehe. Manifestation kann nicht geschehen ohne Erlaubnis'.

Der Meister nickte. 'Das ist richtig.'
'Welche Zahl repräsentiert die Sechste Macht?', fragte ich.
'Nummer Neun repräsentiert Erlauben'.
'Nummer Neun – die Wahl', wiederholte ich.
Ja, ich verstand vollkommen und in diesem Augenblick spürte die Macht Erlauben. Ich hatte schon in der Vergangenheit erfahren, wie wichtig Entscheidungen waren, um Dingen zu gestatten, sich zu ereignen. Es erstaunte mich nicht, dass Erlauben, d.h. wählen für die Erschaffung der Welt nötig war."

– Aus „Der Meister und die Grünäugige Hoffnung"

Wenn wir vom Erlauben sprechen, ist es wichtig sich zu erinnern, dass wir, obwohl wir unsere Erfahrung der „Realität" in der Illusion von Materie und Geist erschaffen und mit erschaffen, nichts ins Leben rufen.

Alles, was wir uns je ausdenken können, wurde bereits von der Höchsten Schwingung manifestiert, egal ob in der Vergangenheit, Gegenwart oder Zukunft.

Wir manifestieren nicht wirklich etwas, wir entscheiden uns lediglich für etwas, das schon IST.

In diesem Sinn lässt uns die Sechste Macht, Erlauben, in unserer Beziehung zu ihr erfahren, was wir aus dem bereits Manifestierten auswählen. Und so funktioniert es:

„Ich möchte noch mehr über diesen Zauber

erfahren, Vater!' Rief ich aus. 'Wenn es dir nichts ausmacht.'
Er lächelte. 'Aber du kennst doch schon den Trick, Hermenethre. Du wendest ihn bereits die ganze Zeit an.'
'Was meinst du denn? Würde ich den Trick kennen, lebte ich mein ganzes Leben in einen goldenen Palast', lachte ich.
'Das würdest du? Vielleicht. Oder auch nicht. Vielleicht würdest du dich ganz anders entscheiden'.
Jetzt hatte er mich neugierig gemacht. Und hatte mich verwirrt.
Entschlossen setzte ich mich und sagte: 'Bitte erkläre mir, wieso ich nicht das Beste vom Besten für mich wählen würde. Und wie treffe ich tatsächlich meine Wahl?'
Auch der Meister setzte sich. 'Zunächst gibt es etwas, das wir die ‚sichtbare Welt' nennen und etwas, das wir die ‚unsichtbare Welt' nennen', sagte er.
'Oh', unterbrach ich ihn freudig. 'Das ‚Manifestierte' und ‚das Unmanifestierte''.
'Nein, Hermenethre. Darüber spreche ich nicht'.
Er erklärte mir, dass einige tatsächlich eine solche Terminologie verwendeten, die auf der Wahrnehmung ihrer Sinne beruhte. Was sie sehen und berühren konnten, würden sie als 'sichtbar' oder ‚manifestiert' bezeichnen. Sie gaben diese Namen der materiellen Welt. Wenn sie über die spirituelle Welt sprachen, die sie nicht sehen und berühren konnten, nannten sie unsichtbar' oder ‚nicht manifestiert'.
(...) Er bat mich, an unsere erste Unterrichtsstunde zu denken. Da hatte ich gelernt, dass sich die Höchste Schwingung in Materie und Geist, oder mit anderen Worten in der materiellen und der geistigen Welt manifestiert hat.
'Dann wird dir klar, dass sowohl die materielle als auch die geistige Welt bereits manifestiert waren', sagte er.
Ich nickte. 'Ja, das verstehe ich'.
Ebenso wenig wie ich mit meinen Sinnen die Höchste Schwingung, die sie erschaffen hat, berühren oder sehen kann – dachte ich. Und doch weiß ich, dass sie existiert. Warum?
Rhami-yata erklärte mir, das geschehe, weil meine Seele die 'Vision' dessen wahrnehmen könne. Sie war für meine Seele 'sichtbar'. Sie hätte eine 'Vorstellung' davon, ein Wissen jenseits von ihr.

'Du kannst es mit Hellsichtigkeit vergleichen', sagte er, 'oder mit dem Vorausschauen, wenn dir das hilft, die Sichtweise deiner Seele besser zu verstehen. Diese Art zu sehen ist aber nicht zu verwechseln mit einer inneren Imagination. Sie ist eine Wahrnehmung dessen, was jenseits jeder Vorstellung ist'.
Ich dachte eine Weile darüber nach. Viele Menschen hatten in ihrem Leben aus dem Nichts heraus Visionen oder Erlebnisse, bei denen sie in die Zukunft sehen konnten. Sie ‚wussten' Dinge, die ihnen nicht ihre Sinne gesagt hatten, sondern die sie durch eine ‚spezielle Sichtweise' erfuhren. Und diese Art zu sehen war für sie klar und gültig. Ich versuchte mir vorzustellen, ob sie so ähnlich war, wie die Erfahrung der Seele."

– Aus „Der Meister und die Grünäugige Hoffnung"

Deine Seele fühlt weder deinen Schmerz noch deine Freude, und sie strebt nichts an, das deinen Körper, deine Emotionen oder dein Ego zufriedenstellt.

Sie trifft je nach der Frequenz ihrer Schwingungen ihre Wahl, das heißt, sie fühlt sich auf einem Schwingungslevel angezogen, der dem ihren entspricht. Es ist normalerweise die Erfahrung, die die Seele als vorteilhaft für ihren Fortschritt und die Erweiterung ihrer Vision wahrnimmt.

Was deine Seele als beste Erfahrung wahrnimmt, ihre Bestimmung zu erfüllen, wird zu deiner nächsten Lebens-erfahrung.

Deshalb erlebst du manchmal allerlei Arten von Nöten, Rückschritten und Mühsal, weil deine Seele nicht den Schmerz fühlt, dem du ausgesetzt bist.

In solchen Situationen ist es nützlich, den Wert solcher Erfahrungen zu verstehen und sie als Gelegenheit für dein Wachstum zu erkennen, denn das sind sie tatsächlich.

Müssen wir immer Schlimmes erfahren, um zu wachsen?

Natürlich nicht. Es gibt keine Regeln dafür. Es ist jedoch sehr wichtig im Einklang mit der Bestimmung deiner Seele zu sein. Was nützlich für dein Wachstum ist, um jeden Preis zu vermeiden, nur weil es unangenehm ist, scheint nicht die beste Idee zu sein, ein Leben zu leben.

Es gibt zwei Möglichkeiten, wie du dein Leben bewusst und glücklich verbringen kannst:

Entweder vertraust du deiner Seele und akzeptierst, für welche Erfahrungen sie sich für dich entscheidet, ODER du kannst deinen Geist, so trainieren, dass er in der spirituellen Welt operieren kann, um dann Möglichkeiten für deine Seele zu kreieren, von denen sie wählen kann.

In beiden Fällen musst du die Bestimmung deiner Seele als höchste Priorität anerkennen. Und du darfst deinen Geist nicht dazu benutzen, deine Seele auszutricksen, um dadurch die Wünsche deiner Sinne zu erfüllen, weil das gewöhnlich in die Katastrophe führt. Stattdessen musst du auf deine spirituellen Wünsche ausgerichtet sein (siehe Kapitel 7 in „Der Meister und die Grünäugige Hoffnung").

* Ich spreche gerne von der „Vision unseres Herzens", wenn ich mich auf die Bestimmung unserer Seele oder unseres Lebens beziehe. Ich finde, der Begriff „Herz" beschreibt perfekt unser innerstes Zentrum, unser innerstes, reines Sein, das frei von Begrenzungen im Einklang mit der Bestimmung unserer Seele und dem Bewusstsein ist, dem Bewusstsein, das wir sind – sogar jenseits unserer Seele.

So gesehen enthält dein Herz alle Wahrheiten, die für dich und deine Entwicklung wichtig sind. Es weiß, was du im Leben an

Erfahrungen sammeln musst, damit sie deinem Fortschritt am meisten nützt, wann und wohin du gehen musst.

Wenn du dein Leben aufmerksam betrachtest – die Gegenwart und die Vergangenheit – könntest du genau die Zeiten ausmachen, in denen du deinem Herzen gefolgt bist und die, in denen du deine Wahrheit verraten hast. Wenn du dein Leben auf die Visionen deines Herzens ausrichtest, bist du glücklich. Daran gibt es keinen Zweifel. Wir alle wissen tief drinnen, was es bedeutet glücklich zu sein. Man kann nicht so tun als ob. Unser inneres Wahrheitsbarometer ist jederzeit vorhanden und wach. Es sagt uns, wann wir unserem Herzen folgen und wann wir vom Wege abkommen.

Was geschieht, wenn wir nicht der Wahrheit unseres Herzens folgen?

Nicht nur, dass wir nicht glücklich sind, wir vermissen auch den Sinn unseres Lebens. Nicht nur, dass unsere Realität sich eher wie eine Last anfühlt, als wie eine Spielwiese, auf der wir Spaß haben. Sie ist ein Leben erfüllt von innerem und äußere Kampf und Stress, von Problemen, die unseren Weg säumen.

Wenn wir gegen die Vorstellungen unseres Herzen leben, erhalten wir ein Dasein von kurzlebigem Erfolg.

Es kann geschehen, dass wir in unserem Privatleben versagen, in unseren Beziehungen, in der Familie oder am Arbeitsplatz, wo wir keinen Erfolg haben. Wir verlieren ständig unseren Job oder unser Geld, spüren Leere und Furcht, während wir nach mehr materiellen Gütern streben, anstatt uns für unseren Traumjob, für das, was wir emotional und physisch wirklich gern tun, stark zu machen.

Dein Leben reflektiert den Zustand deines Herzen. Vergiss nicht: dein Herz und dein Leben sind kommunizierende Ge-

fäße. Glückliches Leben gleich glückliches Herz. Glückliches Herz gleich glückliches Leben.

Es ist einfache Mathematik und du weißt es.

Du weißt auch, wo du beginnen musst: die Befreiung von allen Begrenzungen beginnt in deinem Kopf.

Befreie deinen Geist (und den unterbewussten Geist) von vergangenen Konditionierungen und vertraue deinem Herzen.

Dein Herz weiß genau, was das Beste für dich ist.

Hab keine Angst vor dem Leben, es ist nur Leben – ein natürlicher Prozess, der harmonisch und voller Freude sein kann, wenn du es ihm nur gestattest. Es gibt eine einfache Lösung für Glück im Leben:

Ersetze die Wünsche deines Geistes und lass dein Herz sprechen. Lerne deinem Herzen zuzuhören. Seine Visionen sind größer als deine Vorstellungen von der Welt und die von dir selbst.

In den vollen Genuss der Macht des Erlaubens zu kommen bedeutet, völlig der Vision deines Herzens zu vertrauen.

„Im Traum ging ich Hand in Hand mit einer kleinen, unscheinbar wirkenden, aber sehr mächtigen weiblichen Gestalt. Ihr Name war Unbeständigkeit. Sie erklärte mir, dass ich auf meinem Schicksalsweg hin und her schwankte und so mein Leben unbeständig war.
'Du willst zu viel kontrollieren', sagte sie. 'Du traust weder deiner Bestimmung noch deiner Seele',
Als wir so dahingingen, bat mich Unbeständigkeit, an drei be-

stimmten Stellen unterwegs halt zu machen.
'Das wird dir helfen, den Prozess Vertrauen besser zu verstehen', versicherte sie mir.
Den ersten Haltepunkt nannte sie ‚Illusion'. Ich schaute mich um und sah viele blinkende Energiepunkt überall. Ja, ich erkannte sie und kannte sie gut.
'Das vergisst du dauernd', sagte Unbeständigkeit. 'Du Schwankst in deinem Verständnis der Welt, die dich umgibt, hin und her. Du sagst dir zwar, alles sei Illusion, aber das ist bei dir in Wirklichkeit nur intellektuelles Gerede. Du nimmst alles viel zu schwer und ernsthaft und versuchst das Leben zu kontrollieren'.
Wir gingen weiter und ich war neugierig auf den nächsten Haltepunkt.
'Dieser hier nennt sich „Wählen",' sagte meine Begleiterin, indem sie umher deutete.
Es sah aus wie eine Kreuzung. Da gab es viele verschiedene Straßen, auf denen wir weitergehen konnten.
'Du bist unbeständig in deinen Entscheidungen,' nickte sie.
'Manchmal folgst du dem Weg, den dir dein Schicksal vorzeichnet und der ausgerichtet ist auf die Bestimmung deiner Seele. Und manchmal nicht. Ich sage wieder: Hör auf, deine Entscheidungen mit deinem Verstand, der noch nicht ganz in spiritueller Logik trainiert ist, zu kontrollieren. Vertraue den Entscheidungen, die deine Seele bereits gefällt hat. Dann wirst du nicht mehr wankelmütig sein und anfangen ganz bewusst zu wählen.'"

– Aus „Der Meister und die Grünäugige Hoffnung"

Solange dein Geist noch nicht in spiritueller Logik trainiert ist, solltest du den Entscheidungen, die deine Seele bereits getroffen hat, vertrauen. Das bedeutet, dass du vertrauensvoll deiner inneren Führung und deinem Herzen folgst.

Deine Seele weiß, was auf dein Schicksal ausgerichtet ist. Dein

Herz weiß, wie es deinen freien Willen in die Tat umsetzen kann.

“Wenn du in deinen Entscheidungen deinem Schicksal folgst, fühlst du dich wohl. Wenn du dagegen angehst, fühlt sich dein Leben unangenehm an und Angst und Widerstand steigen in dir auf. Doch lass dich nicht durch den ‚angenehmen Weg’ täuschen. Manchmal ist der Weg mit vielen Unebenheiten der, den das Schicksal für dich vorgesehen hat. Du wirst den Unterschied erkennen. Wenn du dich nicht beklagst und dich nicht fürchtest und wenn du deinem Schicksal und deinem Herzen Vertrauen schenkst, kann sogar der holprige Weg ganz angenehm sein.“

– *“Aus „Der Meister und die Grünäugige Hoffnung“*

Im Gegensatz zu unserer Überzeugung ist Schicksal und freier Wille kein Widerspruch

“Wir hielten bald wieder an.
'Der dritte Haltepunkt', sagte Unbeständigkeit. 'Lass ihn uns „Ankommen“ nennen'.
Ich sah keinen Unterschied in der Umgebung. Wir standen in der Mitte der gleichen Straße. Nichts hatte sich physisch verändert. Und doch bemerkte ich ein interessantes Gefühl, das in mir aufstieg. Es hatte mit Vollendung und Befriedigung zu tun.
'So wirkt das tatsächlich', erklärte Unbeständigkeit. 'Es reicht zu spüren, zu erwarten und zu glauben. Und – du kommst ans Ziel. Es

spielt keine Rolle, wie groß oder klein eine Aufgabe zu sein scheint'.
Ich musste zugeben, dass ich das Gefühl an diesem Haltepunkt mit dem Namen „Ankommen“ besonders gerne hatte.
'Nun, da du an deiner Bestimmung, deinem Schicksal, deinem Ziel angekommen bist', sagte sie, 'kannst du dein Schicksal von Angesicht zu Angesicht kennen lernen'.
Und da stand es, mein wunderschönes Schicksal in Person. Fasziniert schaute ich ihm in die Augen, die das einige war, was ich von ihm sehen konnte. Der Rest des Körpers einschließlich seines Gesichtes war mit Schleiern verhüllt.
(…) 'Warum kann ich dich nicht sehen?' fragte ich.
'Weil es besser ist, wenn du bei jedem Schritt auf deinem Weg deine eigenen Entscheidungen triffst', erklärte es. 'Du wählst, was für dich entschieden worden ist, ohne zu wissen, was es ist.'“

– Aus „Der Meister und die Grünäugige Hoffnung“

Das Verständnis, dass das Schicksal und der freie Wille in Harmonie miteinander sind, kommt mit der Fähigkeit, unsere spirituelle Logik zu benutzen.

Das wiederum führt dazu, dass wir unseren Geist gebrauchen können, um unwiderstehliche Wahlmöglichkeiten für unsere Seele zu nutzen.

Wir können dann Erfahrungen in der materiellen Welt wählen. Und daraus folgt, dass wir Möglichkeiten für unsere Erfahrungen in der spirituellen Welt kreieren können. (Der Mechanismus, der für die spirituelle Welt gilt, ist jedoch nicht Thema dieses Buches.)

Ja, das alles ist für dich zugänglich wegen der Macht des Erlaubens – die direkt mit deinem Schicksal in Verbindung steht.

Dein Schicksal ist es, dich zu entwickeln und dich als Bewusst-

sein, das du bist, auszuweiten. Dein freier Wille ermöglicht dir genau das zu wählen oder eine andere Wahl zu treffen.

“An einer bestimmten Stelle musste ich anders abgebogen sein, denn ich hatte meine Schicksal aus den Augen verloren. Ich stand jetzt am Rande eines Abgrunds und wusste nicht, was ich tun sollte. Ich war nervös und hielt Ausschau nach ihm.

'Wenn du nicht weißt, was du tun sollst', hörte ich eine Stimme sagen, 'lass dich einfach fallen'.

Ich drehte mich um und sah Unbeständigkeit direkt hinter mir stehen.

'Was?' fragte ich voller Angst. 'Du willst, dass ich im freien Fall in den Abgrund stürze? Bist du verrückt?'

'Was hast du zu verlieren? Warum willst du nicht einfach schauen, was geschieht, wenn du da hinunterstürzt?'

Ich zögerte einen kurzen Augenblick. Hm, sie hatte Recht. Ich hatte nichts zu verlieren, aber alles zu gewinnen und so tat ich den Schritt.

Ich fiel und fiel und hatte genügend Zeit mit zu überlegen ob das nun das Ende sei. Ich schloss die Augen und gerade, ehe ich auf dem Boden aufschlug, fing mich jemand auf und ich war gerettet.

Ich öffnete die Augen und sah mein Schicksal, stark und wunderschön, das mich fest in seinen Armen hielt.

'Danke', sagte ich glücklich und überrascht.

'Immer, wenn du deine Ängste und den Wunsch zu kontrollieren, loslässt', sagte es, 'immer, wenn du dich verloren glaubst und dich fallen lässt, bin ich da. Immer!'

Ich schaute die Wand des Abgrunds hinauf. 'Und wie komme ich wieder zurück?'

'Du kannst den steilen Abhang besteigen', sagte es lächelnd. 'Oder aber du kannst deine Fähigkeiten im Ankommen üben'.

Ich nickte und holte tief Atem. Dann versuchte das Gefühl von Vollendung und Befriedigung zurückzuholen, so als ob ich schon

die Wand hinaufgeklettert war. Ich war in Null Komma Nichts wieder oben.
Mein Schicksal stand neben mir und breitete seine Arme aus. Es drehte die Handflächen nach oben und öffnete sie langsam. Ich verstand die Geste. Es bot mir seine Geschenke an. Ich lächelte und legte meine Hand in seine. Unbeständigkeit war verschwunden.
Ich fühlte mich friedlich und ermutigt, so Hand in Hand mit meinem Schicksal und entschloss mich, ihm noch eine weitere Frage zu stellen.
'Wie kann ich meine Träume erfüllen?' flüsterte ich.
'Bring sie an den Abgrund und wirf sie hinein. Wenn du volles Vertrauen hast, keine Angst, wenn du nicht zögerst, werde ich immer da sein, um sie aufzufangen und dann erfüllen sie sich'. Es lächelte.
'Immer?' fragte ich.
'Immer', versicherte es. 'Aber nur, wenn du volles Vertrauen hast.'"

– Aus „Der Meister und die Grünäugige Hoffnung"

Solange wir uns getrennt von unseren Träumen wahrnehmen, gibt es immer eine Lücke zwischen uns und diesen Träumen. Was immer von uns kommt, SIND wir. Wir „träumen" unser gesamtes Leben. Und dieser Traum ist NICHT getrennt von uns.

Stell dir vor, du bist das, was du dir erträumt hast.

Nicht, dass es sich erfüllt hat, sondern du bist derjenige, der es erfüllt hat.

Wenn du sagst: ICH BIN – dann wirst du, was du sagst.

Und darum geht er bei der Macht Erlauben:

Während die Macht Erkennen dazu führt, das Einssein in allem zu sehen, lässt uns die Macht Erlauben, mit allem Eins zu sein.

Während wir unsere Verbindung zur Macht Erlauben erkunden, ist es von Vorteil nicht zu vergessen, dass die Wahlmöglichkeiten und Entscheidungen, die wir treffen, alle gut sind. Wir können nichts falsch machen.

Erinnere dich an Entscheidungen aus der nahen Vergangenheit. Ist es nicht so, dass wir immer blind unseren Weg finden und ihm folgen, selbst wenn wir manchmal erstaunliche Umwege machen?

Egal, was du wählst, es kommt immer das Gleiche dabei heraus: neue Situationen, die zu Veränderungen in deinem Leben führen. Und diese Veränderungen sind die neuen Gelegenheiten für dein Wachstum.

Es ist sowieso nichts von Dauer. Das Leben ist eine ständige Veränderung.

INNERE REISE

SICH IN DIE MACHT ERLAUBEN EINSTIMMEN:

DIE SICHTWEISE DEINES DRITTEN AUGES AKTIVIEREN/STÄRKEN

Such dir eine bequeme Position im Liegen oder Sitzen.

Schritt 1:

Gleich werde ich dich bitten die Augen zu schließen, nachdem du das Folgende gelesen hast:

A: Hol einmal tief Atem. Dann lass den nächsten Atemzug deinen

Körper von den Zehen bis zu Kopf anfüllen und füge ein Bild hinzu: ein angenehmes, abgedunkeltes Licht leuchtet überall in dir.

B: Atme ruhig weiter, beobachte das Licht in dir und zähle bis zehn.

C: Stell dir vor. Du schwebst genau über der Stelle, wo du dich befindest. Es fühlt sich sehr angenehm an und in dir ist Frieden.

D: Genieße den friedlichen Moment, solange du willst. Dann öffne die Augen.

Schließe JETZT die Augen und dann lies weiter, wenn du den ersten Schritt getan hast.

***

Gut. Du hast die Augen geöffnet.

Schritt 2:

Schau dich um und sieh die Dinge, die dich umgeben, eins nach dem anderen, während du die Augen leicht „auf unscharf“ (ein wenig schielen) stellst, sodass alles etwas verschwommen ist.

Bemerkung: Nicht stark die Augen verdrehen – es soll alles nur ein wenig verwischt aussehen.

Atme weiter und leere deinen Geist (einatmen und bis vier zählen, nicht atmen und bis vier zählen, ausatmen und bis vier zählen) Lies weiter, nachdem du den Schritt 2 getan hast.

***

Schritt 3:

Nun wirst du die Augen wieder schließen, nachdem du folgendes gelesen hast:

A: Erinnere dich an die Umgebung, die du mit der „verwischten" Sichtweise gesehen hast und versuche sie auf die gleiche Weise in deiner Vorstellung wiederzusehen. Stell die geschlossenen Augen auf „unscharf", genauso, wie du es vor einem Moment getan hast.

B: Stell dir vor, du trittst – immer noch mit geschlossenen und leicht verdrehten Augen – in diese leicht „verschwommene" Umgebung ein.

C: Nun „stell" deine Augen wieder auf „normal" und bewege bei geschlossenen Augen die Augäpfel dreimal langsam von ganz links nach ganz rechts.

D: Danach öffne die Augen und entspann dich mit leerem Geist ein paar Minuten.

Schieße JETZT die Augen.

***

Gut. Die hast die Aufgabe beendet. Du kannst jetzt weiterlesen oder zu diesen Zeilen zurückkehren. Bleib in deinem Rhythmus, du hast keine Eile.

Du kannst diese Innere Reise in den folgenden Tagen wiederholen, sooft du magst. Es ist gut mit dem Training deines „dritten Auges" auf diese Weise fortzufahren, solange es nötig ist.

Die tägliche Wiederholung dieses Trainings wird deine Intuition fördern und kann sogar zu Hellsichtigkeit führen, wenn du es anstrebst.

Für ein solches tägliches Training ist es wichtig, dir dafür eine Stelle in der Natur zu suchen, wo du dich sicher fühlst und den Himmel oder die Sterne beobachten kannst.

Was geschieht, wenn du nicht im Einklang bist mit der Macht Erlauben?

Die Frequenzen deiner Schwingungen werden niedriger. Nicht nur, dass dein Leben voller Mühsal ist – das kann andererseits auch ein Zeichen dafür sein, dass deine Seele durch besondere Schwierigkeiten wachsen will – aber du bist einfach nicht mehr glücklich und hast keinen Erfolg. Kein Geld, keine Leistung, keine Macht oder romantische Begegnungen können die Leere füllen, die in dir wächst.

Du wirst gefühlsmäßig kalt und taub. Du hast zunehmend Angst. Du lässt deine unbewussten Ängste Kontrolle über dein Handeln und deine Gedanken gewinnen, lebst unbewusst, wie ein Roboter auf Autopilot – geblendet von Furcht, Ärger und Habsucht, und dein Ego sitzt auf dem Fahrersitz auf der Reise durch dein Leben.

Wir alle wissen, wie ein unbewusstes Leben aussieht: es reicht sich aufmerksam anzuschauen, was gerade auf unserem Planeten passiert. Es reicht sich umzusehen und wahrzunehmen, wie unbewusste Menschen alles Leben zerstört haben. Und weil die Verminderung der Frequenzen in unserem Leben am Ende zur Selbstzerstörung führt, wenn die gegenwärtige Situation sich nicht bald, ganz bald ändert, wird es äußerst schwierig sein, den angerichteten Schaden rückgängig zu machen. Sehr schwierig, aber nicht notwendigerweise unmöglich, da die Schöpfung glücklicherweise ein laufender Prozess ist, der sich in Arbeit befindet.

Lasst uns hoffen, dass die Macht Erlauben alle Herzen, die es erreichen soll, auch erreicht (Schicksal und freier Wille).

Erlauben ist verbunden mit dem sechsten Chakra, auch „Augenbrauen-

Chakra" oder „Chakra des dritten Auges" genannt.

Es wird gesagt, dass es leicht oberhalb zwischen den Augenbrauen liegt und auch hier muss wieder gesagt werden, dass das nicht ganz präzise ist, weil die Chakren nicht auf diese Weise mit dem Körper verbunden sind. Zum besseren Verständnis des Chakrensystems lassen wir auch das einmal so stehen.

Wenn es der Sechsten Macht nicht möglich ist, frei durch das Chakra des dritten Auges zu fließen, kommt es mitunter zu einer Vielzahl von Symptomen. Viele Heiler haben beobachtet, dass bei einer Fehlfunktion des sechsten Chakras neurologische Probleme auftauchen, Probleme mit dem zentralen Nervensystems, mit dem Kleinhirn (oder anderen Teilen des Gehirns), allen Sinnen, hauptsächlich beim Hören und Sehen, der Hypophyse und der Zirbeldrüse, des Schädels, der Augen, der Nase, oft kommt es zu Migräne, Verwirrung, Schlaganfall, Demenz unter vielem anderen.

Wenn das sechste Chakra nicht richtig arbeitet, kann es sein, dass man keine festen Entscheidungen treffen kann, übermäßig abhängig ist von Autoritäten, nicht für sich selbst denken kann und sich oft auf hergebrachte Glaubensrichtungen und Meinungen stützt. Andererseits kann ein überaktives sechstes Chakra zu Fantastereien führen, man ist nicht geerdet oder neigt im Extremfall zu Halluzinationen einschließlich Schizophrenie.

Angst vor Veränderungen und dem Unbekannten wird gewöhnlich mit der schlechten Funktion des „Augenbrauen-Chakras" in Verbindung gebracht. Sie verhindert womöglich, dass man sein Potential ausschöpft, seine Ziele erreicht, seine Träume erfüllt. Man hat Angst, den Job zu wechseln oder seinen Wohnort, man ist vielleicht außerstande seine Lebenssituation zu verändern. Es kommt häufig vor, dass Menschen mit diesen unterschwelligen Ängsten in missbräuchlichen Beziehungen leben, sich in der Arbeit übervorteilen lassen und gemobbt werden.

Wenn du dich auf die Sechste Macht, Erlauben einstimmst, ist es wichtig, dafür die richtigen Werkzeuge zur Hand zu haben, um die negativen Muster in deinem Unterbewusstsein aufzulösen und dich emotional zu heilen (geführte Meditationen, tägliche Affirmationen und MP3s, die positive, unterschwellige Botschaften übermitteln). Und natürlich wird es hilfreich sein, die Schatten zu transformieren, was dazu führt dass du die Frequenz deiner Schwingungen erhöhst und dich entwickelst.

Um das „Chakra des dritten Auges“ ins Gleichgewicht zu bringen, empfiehlt sich folgendes:

- Stresstherapie

- Massage

- Tai-chi

- Emotionale Befreiung (in ein Kissen schreien, schluchzen, weinen, lachen)

- Therapie „Inneres Kind“

- Atem- und Dehnübungen

- Kontakt mit der Natur und direkten Kontakt mit dem Erdboden (gärtnern, Landschaftsgestaltung)

- Den Himmel/die Sterne betrachten

- In Teams arbeiten, sich in humanitären/wohltätigen Organisationen engagieren

- Keine negativen Nachrichten lesen, hören, anschauen, keinen Klatsch und keine Beschwerden zulassen, Horror und Furcht fördernde Magazine/Filme/Bücher meiden

- Filme, Bücher, Zeitschriften über Natur, Astronomie, Fantasy, Sciencefiction, spirituelle Entwicklung, Psychologie und Soziologie sind förderlich

- Sanfte Rock'n'Roll-Musik, keltische, klassische, New-Age-Musik, symphonische Musik anhören

- Gitarre, Klavier, Harfe, Flöte, Cello, Geige, Oboe, Synthesizer spielen oder anhören

- Die in Klangheilung verwendeten Frequenzen 852 HZ und 528 HZ anhören

- Ferientrips nach Nordamerika, Asien, Australien, Westeuropa machen

- Hilfreiche Tätigkeiten: Meditation, Entspannung, für Pflanzen sorgen

- Alles andere, was dir geeignet erscheint, um dein „Chakra des dritten Auges" ins Gleichgewicht zu bringen: Speisen, Gewürze, Edelsteine, Metalle oder Düfte. Du findest in entsprechenden Büchern und Artikeln viele Informationen

- Auch hilfreich: ein guter Reki-Meister oder jeder Art von Energieheiler. Manche finden es nützlich, die Lehren der spirituellen Meister des Westen und/oder des Ostens zu studieren oder den Schamanismus, all das mit einander zu vergleichen, um so den eigenen Weg zum Verständnis der Welt und des Selbst zu finden

Wenn du dich auf die Macht Erlauben einstimmst, ist es von Vorteil, einen Platz in der Natur zu finden, an dem du entspannen und meditieren kannst, wo du dich sicher fühlst, während du den Himmel/die Sterne beobachtest.

Das hilft, das „Chakra des dritten Auges“ im Gleichgewicht zu halten, zu verhindern, dass es überaktiv wird, während du dich in der Sichtweise des dritten Auges übst und es stärkst (siehe Innere Reise in diesem Kapitel).

KAPITEL 12

DIE SIEBTE MACHT IST LIEBE

Uns für die Liebe zu öffnen ist einer der wichtigsten Schritte in unserer Entwicklung

„Lerne dich als ein menschliches Wesen kennen und freu dich daran. Jeder von euch ist sehr mächtig.

Alles was du brauchst, um deine Macht wachzurufen, ist, dich zu erinnern, dass du sie bereits besitzt und sie mit Liebe benutzt.“

– Aus „Der Meister und die Grünäugige Hoffnung“

Wenn wir von der Liebe sprechen, ist oft das erste, was uns in den Sinn kommt, die romantische Liebe, das Gefühl, das uns mit Leidenschaft erfüllt, unseren Herzschlag beschleunigt und uns der 'einzig lebenden Person auf der ganzen Welt' hingebungsvoll verbunden fühlen.

Liebe hat jedoch, wie die meisten von uns schon herausgefunden haben, viele Gesichter:

Da gibt es die mütterliche/väterliche Liebe, die biologische Bindung, die die meisten von schon im Mutterleib entdeckt haben.

Dann ist da die Liebe zur Familie, die wir durch die Verbindung zu unseren Großeltern, Vettern und Cousinen und anderen Verwandten kennen.

Manche Menschen empfinden Liebe zu ihren Haustieren, zur Natur, zu ihrem Land, zum gesamten Globus. Andere sagen, sie lieben die Menschen.

Manche beschreiben Liebe, wenn sie über ihr Leben, ihr Haus, Auto, Handy, ihren Computer sprechen oder andere Dinge die sie besitzen oder kaufen wollen.

Oder wenn sie über ihre Beziehung zu Gott/zu einer Göttin/zu Göttern allgemein reden.

Oder sie weihen ihr Leben der Menschheit, die sie lieben.

Wem die Liebe auch gilt, wir alle 'verlieben' uns oder 'lieben', egal wem oder was wir unsere Zeit, unsere Energie unsere Gedanken, unser Herz schenken, weil wir die Investition für Wert erachten.

Die Natur der Liebe ist eins der fundamentalen Themen der Philosophie neben Fragen über die Bedeutung unserer Existenz, dem Sinn des Lebens und was nach dem Tod geschieht.

Zu Zeiten der alten Griechen und sogar schon im alten Ägypten gab es schon zahlreiche Theorien über die Liebe, angefangen von materialistischen Konzepten, die die Liebe als ein physisches Phänomen beschrieben, bis hin zu Vorstellungen, die von der Liebe als eine spirituelle Erfahrung sprachen, die Menschen ermöglichte Gott zu sehen.

Die philosophische Behandlung der Liebe geht über ihr Verständnis hinaus, das von den Studien der menschlichen Natur, der Erkenntnistheorie, der Religionen, der Metaphysik (eine traditioneller Bereich der Philosophie, der die fundamentale Natur, in der Welt zu sein, erklärt), der Ethik (ein Zweig der Philosophie, der die Idee hinterfragt, was Moralisch gut ist und was schlecht) und der politischen Philosophie (eine philosophische Betrachtung darüber, wie ein kollektives Leben zu ordnen sei) ausgeht.

Vielleicht hast du schon einige philosophische Begriffe gehört oder gelesen, die die verschiedenen Aspekte der Liebe beschreiben:

- Eros (griechisch erasthai) – bezieht sich auf das leidenschaftliche, starke Verlangen nach etwas. Oft bezieht es sich auf ein sexuelles Verlangen – erotisch (griechisch eroticos)

- Philia – im Gegensatz zu Eros bezieht Philia sich auf Vorliebe und Wertschätzung anderer. Für die alten Griechen ging es da nicht nur um Freundschaft, sondern auch um Loyalität der Familie, der Gesellschaft, dem Job oder der selbstgewählten Disziplin gegenüber.

- Agape – beschreibt die väterliche Liebe Gottes den Menschen gegenüber und umgekehrt. Der Terminus schließt die geschwisterliche Liebe zur gesamten Menschheit ein. Agape bedeutet die perfekte Art Liebe: die Vorliebe, die eine Person transzendiert und eine selbstlose Leidenschaft ist, die ein Zustand von bedingungsloser Bewunderung beschreibt.

Obwohl das bloße Konzept der Liebe so natürlich und mächtig ist, scheint es vielen Angst zu machen. Wir fürchten, wenn wir uns verlieben, dass wir die Unabhängigkeit und die Freiheit verlieren, dass man uns übervorteilt und uns entmachtet, gedemütigt zurücklässt und wir uns dann wertlos und schlecht fühlen.

Und so haben wir aufgrund dieser Befürchtungen Blockaden und Wälle um uns herum aufgebaut, um uns vor Verletzungen zu schützen.

Nichts ist jedoch weiter entfernt von der Wahrheit, wenn du glaubst, dass die Liebe dich machtlos macht. Das Gegenteil ist der Fall:

Liebe IST Macht.

Mangel an Liebe IST MANGEL an Macht.

Liebe ist die Siebte Macht, und ebenso wie die anderen Mächte beeinflusst sie uns in jeder Weise.

Sich für die Liebe zu öffnen ist einer der größten Schritte in unsrer Evolution.

Wir kennen alle schon die Liebe, wenn nicht durch unsere eigene Erfahrung, dann wenigstens durch Beobachtung oder Lebensweisheit, die uns ihre Existenz gelehrt hat.

Die Siebte Macht – Liebe – soll nicht als Gefühl, philosophische Idee oder ein Konzept der Philosophie verstanden werden, das wir auf unsere Aktionen oder Gedanken anwenden könnten.

Tatsächlich ist sie eine Energie mit einer besonderen Qualität und Vibration, die Teil des Rades der Schöpfung ist und uns ständig beeinflusst und uns eine Chance zum Wachsen gibt.

Die Siebte Macht – Liebe – ist keine Emotion.

Sie ist eine Energie, auf die wir uns einstimmen müssen.

„Und dann fühlte ich es. Reine Liebe, die in mir aufstieg. Sie hatte keine Richtung, überhaupt keinen Grund. Sie hatte keine Aufgabe zu erfüllen, nichts zu verändern oder zu verbessern. Niemanden anzuerkennen, zu retten, keinem zu helfen. Sie breitete sich in mir aus und vibrierte einfach, weil sie da war."

– Aus „Der Meister und die Grünäugige Hoffnung"

Sich auf die Macht der Liebe einzuschwingen ist unausweichlich und kann nicht außer Acht gelassen werden, wenn wir vorankommen und weiter existieren wollen:

Ohne im Einklang zu sein mit der Macht der Liebe können wir nicht unser Bewusstsein erweitern, können wir unser Gehirn nicht neu verkabeln, um auf Gamma-Rhythmen Zugriff zu haben, die nötig sind, um die spirituelle Logik zu benutzen und die Realität mit einem Wimpernschlag zu verändern (siehe Kapitel 4).

Als Bewusstsein, das wir sind, können wir nur existieren, wenn wir uns unserer selbst bewusst sind und durch unsere Erfahrung vorankommen.

Und als solche sind wir von der Schwingung den Sieben Mächten, die die Welt erschufen, beeinflusst worden. Wir müssen mit ihnen im Einklang bleiben, um vorwärts zu kommen und zu existieren.

Wenn wir geboren werden, sind wir angefüllt mit der Energie der Liebe und wir erwarten geliebt zu werden. Wir setzen voraus, dass die Welt voller Liebe ist und wir sind schockiert, wenn wir Kälte, Indifferenz oder

Schmerz erfahren. Für ein kleines Kind ist Liebe die gleiche Notwendigkeit wie Nahrung oder Wasser. In der Tat ist Mangel an Liebe für ein Kind schädlicher als Armut.

Wenn wir Lieblosigkeit erfahren, ersetzen wir nicht nur Freude durch Angst, wir isolieren uns auch durch „dicke Wände", um weiteren Schmerz zu vermeiden.

Wenn wir von anderen auf Abstand gehen, leiden wir und verursachen Leiden.

Leiden zeigt die Trennung vom Einssein.

Die Trennung vom Einssein ist ein Zeichen dafür, dass man sich von der Energie der Liebe abgekoppelt hat.

Sich von der Liebe zu trennen ist ein Zeichen dafür, dass man in der hypnotischen Illusion verharrt, die Kontrolle über das Schicksal zu haben, während man gleichzeitig Furcht erlebt.

Wir alle wachsen in gestörten Familien oder Gesellschaften auf, wo wir lernen, den Wert anderer und von uns selbst an Äußerlichkeiten zu messen. Es ist sehr wichtig diesen Mechanismus zu stoppen, der uns lehrt, dass es schändlich ist, ein mangelhaftes, menschliches Wesen zu sein.

Jeder Mensch ist gleich wichtig und einzigartig. Einer von Milliarden.

Aber oft fühlen wir uns tief in uns schlechter als andere, nicht gut genug, um Liebe, Glück und Erfolg zu verdienen.

Es ist jedoch nicht unser Verhalten, sondern die Essenz dessen, wer wir sind, die uns gleichermaßen kostbar und liebenswert macht. Wir sind es wert, das wunderbarste Leben überhaupt zu führen.

Jeder von uns ist ein Teil des Einen Ganzen. Wir sind alle miteinander verbunden, und jeder von uns hat gleichermaßen das Recht von der Macht der Liebe zu profitieren.

Wir verstehen nicht, dass Liebe Energie ist, die jederzeit für uns zur Verfügung steht und dieser Mangel an Verständnis hält uns in der Illusion gefangen, dass wir nicht geliebt werden.

Liebe umgibt uns, fließt durch uns hindurch und kommt von uns.

Wenn wir aufhören von anderen zu erwarten, was sie gar nicht imstande sind uns zu geben, erst dann finden wir alles in uns, was wir brauchen.

Das heißt nicht, dass wir selbstsüchtig sein müssen, um uns aus unserem Innerem heraus geliebt zu fühlen. Es geht nicht um Selbstsucht und Ego-Stolz. Auch nicht darum, dass wir uns für etwas Besseres halten als andere.

Es geht um Verständnis unsres eigenen einzigartigen Wertes und nicht darum von anderen anerkannt zu werden. Darum, dass wir uns stets daran erinnern dass wir einzigartig, wunderschön und speziell sind. So wie jeder andere auch.

Wenn wir voller Lebensfreude sind, wenn wir imstande sind uns so anzunehmen, wie wir sind und uns an unserem Wachstum erfreuen, brauchen wir nicht geliebt zu werden, um uns gut zu fühlen. Stattdessen müssen wir die Liebe, die uns erfüllt, TEILEN.

Es gibt viele verschiedene Möglichkeiten unsere eigene Verbindung mit der Liebe herauszufinden: durch romantische Liebe, Leidenschaft oder durch spirituelle Praktiken, die einhergehen mit der Veränderung negativer Muster in unserem Unterbewusstsein und der Heilung emotionaler Wunden.

Wenn wir uns erst einmal für die Siebte Macht öffnen, entwickeln wir unser eigenes Verständnis dafür, wie wir die Macht der Liebe erfahren wollen.

„'Ich möchte, dass du einen Namen für die letzte der Sieben Mächte findest, die die Liebe ist', sagte Rhamiyata. 'Dies sind die Worte, von denen du wählen kannst: Freude, Anerkennung, Respekt, Gleichheit.
'Freude, Vater?' Ich war glücklich das zu hören.
'Ja', lächelte er, 'Freude, die von der Anerkennung der Höchsten Schwingung kommt. Und Respekt, wenn die Gleichheit von allem in der Höchsten Schwingung erkannt wird.'
'Freude, Anerkennung, Respekt, Gleichheit', wiederholte ich.
'Du kannst auch die folgenden benutzen“, fügte er hinzu. 'Hingabe, Ausgleich, Versöhnung. Hingabe an den Willen der Höchsten Schwingung, damit es Ausgleich zwischen Materie und Geist gibt, das heißt Versöhnung mit der Höchsten Schwingung.'
'Hingabe, Ausgleich, Versöhnung', sagte ich. 'Das macht sieben. Sieben Namen für die Siebte Macht.'“

– Aus „Der Meister und die Grünäugige Hoffnung“

INNERE REISE

SICH EINSCHWINGEN AUF DIE SIEBTE MACHT

Setz dich so bequem hin, dass du dich sicher und ungestört fühlen kannst, solange du es benötigst.

Schritt 1:

Wenn du bereit bist, leere deinen Geist, indem du dich auf deinem Atem konzentrierst (beim Einatmen bis vier zählen, Atem anhalten und bis vier zählen, ausatmen und bis vier zählen)

Gleich werde ich dich bitten die Augen zu schließen, nachdem du folgendes gelesen hast:

A. Stell dir vor, du sitzt mit gekreuzten Beinen auf einer weiten, wunderschönen Wiese. Das Bild ist lebendig mit blühenden Blumen, summenden Insekten, zwitschernden Vögeln und darüber der wolkenlose, blaue Himmel.

B. Nun stellst du dir vor, du legst die Handflächen auf die Brust in die Nähe deines Herzens, lächelst vor Wohlbehagen, weil eine friedliche Freude in dir aufsteigt. Du bist glücklich da, wo du bist und du genießt das friedliche Gefühl von Freude.

C. Während du ruhig atmest und auf dieser belebten Wiese sitzt, spürst du, wie die Oberseite deines Kopfes anfängt, wärmer zu werden. Es ist ein beruhigendes Gefühl. Lass es eine Weile andauern und öffne dann die Augen, nachdem du die Aufgabe erfüllt hast.

Schließe JETZT die Augen.

***

Gut. Du hast die Augen wieder geöffnet.

Schritt 2:

Leere wieder deinen Geist und schließe die Augen, nachdem du folgendes gelesen hast:

A. Du sitzt noch immer in der gleichen Haltung mitten auf der wunderschönen Wiese. Du bist dankbar für die Fülle an Freude und Schönheit um dich herum.

B. Stell dir vor, dass die Oberseite deines Kopfes durch das Gefühl von Dankbarkeit noch wärmer wird.

C. Die wohlige Wärme, die du spürst, fließt nun hinunter und erreicht die Gegend deines Herzens. Du fühlst sie sowohl auf deinem Kopf als auch in deiner Brust.

D. Dir wird klar, dass das Bewusstsein für die Fülle, die dich umgibt und die Dankbarkeit, die du spürst, miteinander verbunden sind: dein Bewusstsein für die Fülle ruft Dankbarkeit hervor UND die Dankbarkeit ruft das Bewusstsein für die Fülle hervor, die dich umgibt.

E. Mit geschlossenen Augen sagst du Laut: “Ich bin dankbar dafür, wer ich bin. Ich bin dankbar dafür, wo ich bin. Ich bin dankbar für die Fülle, die mich immer umgibt.“

Nachdem du die Aufgabe beendet hast, öffne die Augen und lies weiter.

Schließe JETZT die Augen.

***

Gut. Du hast die Augen geöffnet. Du hast dich mit der Siebten Macht, Liebe, verbunden.

Schritt 3:

Nun wirst du eine der sieben Aspekte der Liebe als Name auswählen, den du der Siebten Macht geben möchtest.

Jedes Mal, wenn du an Liebe denkst, wirst du sie mit diesem Namen assoziieren.

Nimm dir Zeit, du hast keine Eile.

Wenn du noch mehr Zeit brauchst, um über die Liste unten nachzudenken, nimm sie dir. Es ist aber wichtig, dich nicht zu sehr anzustrengen, um zu einem Ergebnis zu kommen.

Am besten ist es, wenn deine Wahl aus deinem Herzen kommt und nicht aus dem Kopf:

Freude

Anerkennung

Respekt (so wie in demütig sein)

Gleichheit

Hingabe

Ausgleich

Versöhnung

Wähle einen Namen und lies weiter, wenn du die Aufgabe beendet hast.

***

Gut. Du hast den Aspekt der Liebe ausgewählt, der dich am meisten anspricht.

Von nun an sei dir der Gegenwart der Macht der Liebe bewusst und versenke dich gedanklich in den Namen, den du gewählt hast: es wird dir helfen, auf Gamma-Rhythmen zuzugreifen und deine spirituelle Logik weiterzuentwickeln.

Wenn du in Zukunft das Gefühl hast, dass ein anderer Aspekt der Liebe angemessener ist, wiederhole einfach die Innere Reise, um einen der anderen Namen für die Siebte Macht auszusuchen.

Es ist ungewöhnlich, dass man alle Aspekte der Liebe in einer Lebenszeit näher betrachtet. Ist es jedoch der Fall, vertraue auf deinen eigenen, inneren Prozess, solange dein Wunsch (nach Wechsel) vom Herzen und nicht vom Kopf oder vom Ego herrührt.

Du kannst jetzt weiterlesen oder später zu dieser Seite zurückkehren. Du hast keine Eile – trau deinem eigenen Rhythmus.

***

Gut. Du möchtest weiterlesen.

Mit dem Verstehen und der Anerkennung der Liebe bekommst du ein Geschenk, das du schätzen lernen wirst: Fülle.

Die Macht Liebe macht uns die Fülle bewusst und bringt Fülle in unser physisches Leben.

Vergiss nicht, dass Fülle dein Geburtsrecht ist. Diese Tatsache muss jedoch neu erlernt werden.

Was ist Fülle?

Fülle ist ein Prozess, der uns die Möglichkeit eröffnet und die Macht gibt, den unendlichen Reichtum der Schöpfung bei der

Arbeit zu erfahren.

Fülle zu erfahren unterscheidet sich von einer Person zur anderen und hängt von den persönlichen Vorzügen und Wünschen ab.

Um wieder zu lernen, die Fülle in deinem Leben willkommen zu heißen, musst du dich auf die Siebte Macht einstimmen und den Dingen ihren Lauf lassen.

Von nun an versuche, dir immer des Reichtums bewusst zu sein, der dich umgibt. Egal wie deine Situation gerade ist, gibt es immer mindestens einen Aspekt in deinem Leben, wo sich die Fülle auf die eine oder andere Weise ausdrückt. Wenn es nicht Reichtum ist, dann vielleicht die Fülle an Gesundheit, Freundschaft, Liebe, Erfahrungen, Ideen oder Verwirklichungen.

Je nachdem, was wichtig für dich ist, wenn du an das Gefühl von Überfluss denkst, konzentriere dich auf diesen Aspekt, um deine Wertschätzung gegenüber der Siebten Macht, Liebe zu zeigen. Es gibt kein Richtig oder Falsch, wenn du deine Erfahrung in Sachen Überfluss machen willst, solange du nicht dem Materialismus verfällst, was dazu führen würde, dass Dinge dein Leben regieren würden. Es ist nicht falsch, sich an dem Besitz materieller Dinge zu erfreuen oder nach Überfluss auf anderen Gebieten im Leben zu streben.

Was Fülle für dich bedeutet, ist eine ganz persönliche Sache.

Öffne dich der Möglichkeit, mit noch mehr Überfluss deine Erfahrungen zu machen. Aber vergiss nicht wertzuschätzen und dankbar zu sein für alles, was du schon hast.

Das Geschenk der Fülle ist das Geburtsrecht eines jeden.

Es kann von niemandem gefordert werden, da es jedem gehört.

Wir dürfen nicht den Denkfehler machen, dass wir alles haben müssen, weil wir sonst nichts haben. Diese Denkweise macht uns zu einer hohlen Quelle, die niemals mit genügend Dingen, Geld, Liebe oder Erfolg gefüllt werden kann.

Wir müssen niemandem etwas vorenthalten, um ein reichhaltiges und glückliches Leben zu führen.

Wir leben auf einem Planeten, auf dem von allem reichlich vorhanden ist und wo jede einzelne Person und jedes einzelne Wesen ein glückliches Leben in Fülle leben kann. Es gibt keinen legitimen Grund für Hunger, Armut oder Missbrauch, außer dass wir uns von der Liebe abkoppeln.

Ja, wir kennen die Gründe dafür, dass viele in Armut und Bedrängnis leben: jemandes Raffgier, jemandes Mangel an Verständnis für die einfache Wahrheit über das Geburtsrecht aller und andererseits die Angst vieler, nicht gut genug zu sein, so wie sie sind.

Und so nehmen die Raffgierigen von anderen alles, was sie können, ob es nun Land ist oder Ressourcen oder gar das Leben selbst. Aber sie entkommen nicht ihrem Gefühl von Leere und unbewussten Ängsten. Sie erleben keinen wahren Überfluss sondern nur die Illusion dessen.

Die Trennung von der Kraft der Liebe führt zu innerer Armut – die zur treibenden Kraft für diejenigen wird, die versuchen, ihre Ängste und Leere mit einer Illusion materieller Fülle zu beseitigen.

Was geschieht, wenn man nicht im Einklang ist mit der Siebten Macht?

Liebe ist verbunden mit dem siebten Chakra, auch Kronenchakra genannt.

Man sagt, es befinde sich oben auf unserem Kopf, aber inzwischen wissen wir, dass das nicht ganz richtig ist, denn Chakren sind nicht auf diese Weise mit dem Körper verbunden. Aber so können wir uns einfach das Chakrensystem besser vorstellen.

Wenn die Siebte Macht nicht frei durch das Kronenchakra fließen kann, führt das nicht nur zu einer Vielzahl an physischen Symptomen, die mit dem Kronenchakra in Verbindung gebracht werden, sondern das Herzchakra schließt sich.

Eine Fehlfunktion des „Kronenchakras“ führt dazu, dass das „Herzchakra“ abgeschaltet wird, was weiter zu einer Fehlfunktion des gesamten Chakrensystems führt.

Viele Menschen denken, dass Liebe direkt mit dem Herzchakra verbunden ist, was auf der Beobachtung von dessen Fehlfunktion beruht, wenn man von der Liebe abgetrennt ist. Der Grund aber ist, dass das Herzchakra und seine Fehlfunktionen besser zu beobachten sind als die des Kronenchakras.

Außerdem reagiert das Herz leicht auf unsere Gefühle. Und so fühlen wir, dass sich etwas in unserer Brust zusammenzieht, wenn wir traurig sind, ärgerlich oder unter Spannung stehen. Empfinden wir Freude, Glück oder Aufregung, wird es eher warm in der Herzgegend, und wir können nicht umhin, das physische Gefühl in unserem Herzchakra bei sehr großer Freude oder Leidenschaft romantischer Liebe zu beobachten.

Wir sind kulturell darauf programmiert, dass Liebe im Herzen wohnt.

Daher die zahlreichen Informationsquellen, die uns das Herzchakra für die Liebe öffnet – während in Wirklichkeit das Öffnen des Herzchakras uns hilft, mit der Vierten Macht, dem Vergehen in Einklang zu sein

(Kapitel 9. Die Illusion von Materie und Geist hinter sich zu lassen).

Während die Öffnung des Herzchakras sehr wichtig ist auf dem Weg, sich weiter mit der Macht Erkennen in Einklang zu bringen, dann Erlauben und schließlich konsequenterweise mit der Macht der Liebe – wird das Herzchakra irrtümlich als direkter Schritt zur Verbindung mit der Liebe angenommen.

Sich mit der Macht Vergehen zu verbinden und die Illusion von Materie und Geist hinter sich zu lassen, erfüllt uns tatsächlich mit einem friedlichen Gefühl, das der Energie der Liebe sehr ähnlich ist – so kommt es zu diesem allgemeinen Fehler.

Unsere direkte Verbindung mit der Liebe geschieht, wenn wir unser „Kronenchakra“ öffnen.

Und das beeinflusst unsere Verbindung zu der Vierten Macht – Vergehen – denn die Macht der Liebe durchtrennt die Illusion von Materie und Geist (was auch Vergehen bewirkt), indem sie alles, was existiert, als Eins in ihre großzügige Schwingung einschließt.

„Das „Herzchakra“ ist verbunden mit der Vierten Macht Vergehen. Das „Kronenchakra“ verbindet uns mit der Siebten Macht, Liebe. Wenn wir unser „Kronenchakra“ öffnen, beeinflusst es auch unser „Herzchakra“.

Obwohl das Öffnen unseres „Herzchakras“ uns nicht direkt mit der Liebe verbindet, ist es sehr wichtig sich zu merken, dass eine Fehlfunktion unseres „Herzchakras“ zu Fehlfunktionen des gesamten Chakrensystems führt, da das „Herzchakra“ sich in der Mitte befindet und so die „unteren“ mit den „oberen“ verbindet.

Uns für die Macht der Liebe zu öffnen ist entscheidend wichtig nicht nur für unsere Weiterentwicklung, sondern auch für unsere spirituelle, emotionale und physische Gesundheit.

Viele Heiler haben beobachtet, dass eine Fehlfunktion des siebten Chakras zu Erschöpfung, Epilepsie, Problemen mit dem rechten Auge, mit dem zentralen Nervensystem, der Zirbeldrüse, dem oberen Teil des Rückenmarks, dem Hirnstamm, dem Großhirn, dem Schmerzzentrum führen kann und verschiedene emotionale Störungen, Abhängigkeiten, Alzheimer, Demenz, etc. verursacht.

Man kann auch eine Angst vor dem Verlust der Freiheit entwickeln. Zögerliches Verhalten und Zurückhaltung, sich zu engagieren, sind die Folge und das kann die Beziehung(en) und die Karriere torpedieren.

Aber merke dir: Freiheit kommt durch Inklusion. Freiheit entsteht durch Einssein, nicht durch Getrennt sein.

Wenn dein „Kronenchakra“ überaktiv ist, kann es dazu kommen, dass du den Intellekt in den Vordergrund stellst und – abhängig von der Spiritualität – die Bedürfnisse des Körpers vergisst.

Um dein „Kronenchakra“ ins Gleichgewicht zu bringen, kannst du folgendes ausprobieren:

- Yoga

- Atem- und Dehnübungen

- Vergebungstherapie

- Therapie 'Inneres Kind'

- Stresstherapie

- Massage

- Deine Dankbarkeit zum Ausdruck bringen und auf die Fülle im Leben fokussieren

- Kontakt mit der Natur in jeder Form suchen (Walking, Fahrrad fahren, Schwimmen, Segeln)

- Im Regen/am Strand spazieren gehen

- Keine negativen Dinge, Tratsch, Beschwerden, Horror lesen/anhören

- Furcht erweckende Magazine/Filme /Bücher meiden

- Klassische/barocke/symphonische Musik, gregorianische/tibetische Gesänge, afrikanische, australische, süd- und nordamerikanische Eingeborenenmusik hören

- Harfe, Flöte, Saxophon, Trompete und andere Blasinstrumente hören/spielen

- Freizeittrips: in die Natur, nach Afrika, Amerika, Australien, Europa, Indien reisen

- 963 HZ Solfeggio Frequenz, die in Klangheilung verwendet wird, anhören

- Hilfreiche Aktivitäten: Meditation, Entspannung, den Sonnenaufgang oder die Sterne betrachten

- Alles andere, was hilfreich wäre, dein „Kronenchakra" ins Gleichgewicht zu bringen: besondere Speisen, Gewürze, Edelsteine, Metalle / Düfte / Aromatherapie. Informationen dazu gibt es in entsprechenden Büchern und Zeitschriften

- Einen vertrauenswürdigen Reki-Meister, Energieheiler finden. Manche Menschen finden es heilsam, die Lehren spiritueller Meister aus Ost und West, sowie dem Schamanismus zu erforschen, zu praktizieren oder zu vergleichen, um die Welt und sich selbst besser zu verstehen

Die Macht der Liebe wird in den Meisterlehren der Hoffnung durch die Zahl $4^{(7)}$ repräsentiert.

Wegen der materiellen Welt muss Liebe vier Gesichter haben, um in alle Richtungen der Welt gleichzeitig schauen zu können. Im spirituellen Bereich eröffnet die Liebe vier Wege zur Versöhnung mit der Höchsten Schwingung.

Vielleicht erinnerst du dich, dass die Macht Vergehen in den Meisterlehren der Hoffnung ebenfalls durch die Zahl Vier repräsentiert wird: $4^{(4)}$.

Du siehst, dass die Zahl Vier die beiden Mächte verbindet, Die Symbole in Klammern jedoch unterscheiden die Zahl, die die Siebte Macht, Liebe, repräsentiert – $4^{(7)}$ von der Zahl für die Vierte Macht, Vergehen – $4^{(4)}$.

„ ch hatte Rhami-yata, gefragt, was es mit der merkwürdigen Zahl Vier mit den Zahlen in Klammern auf sich hat. (…) Er erklärte mir, eine Zahl Vier anders sein könne, als die andere. Vier Äpfel seien anders als vier Orangen oder vier Elefanten oder vier Straßenbahnen. Ihre Qualitäten seien eben nicht gleich."

– Aus „Der Meister und die Grünäugige Hoffnung"

Die Gleichung für die Siebte Macht in den Meisterlehren der Hoffnung lautet:

$$1 + 3 = 4^{(7)}$$

Erkennen plus Entfernung = Liebe. Das heißt:

Wenn alles als Einssein erkannt wird und Entfernung von der Illusion eintritt, kommt Liebe dabei heraus. (Diese Gleichung wird verwendet, um den Mechanismus der Macht der Liebe sowohl in der materiellen, als auch in der spirituellen Welt zu erklären.)

In der ganzen nächsten Woche konzentriere dich auf die Harmonie zwischen den 7 Mächten und auf die Geschenke, die sie in unser Leben bringen. Erkenne deine Erfahrung als das an, was sie ist – eine Erfahrung, die dir hilft, dich zu entwickeln.

Die 7 Mächte Unterstützen Dich Bei Jedem Schritt Den Du Tust:

Die 1. Macht (Gesetz), Nummer 8

Die 2. Macht (Entwicklung), Nummer 5

Die 3. Macht (Entfernung) Nummer 3

Die 4. Macht (Vergehen) Nummer 4

Die 5. Macht (Erkennen) Nummer 1

Die 6. Macht (Erlauben) Nummer 9

Die 7. Macht (Respekt) Nummer $4^{(7)}$

Du, als das Bewusstsein, das du bist, hast in deinem jetzigen physischen Leben eine ausgezeichnete Gelegenheit dich zu entwickeln, weil du dich als Team, bestehend aus deinem Körper, dem Geist,, den Emotionen, dem Ego und der Seele erlebst. Alle diese Teile des Teams tragen zu deinem Wachstum bei.

Jeder Moment deines physischen Daseins kann einen gewaltigen Unterschied in deiner Evolution bewirken. Jeder Tag ist ein Geschenk an dich selbst. Widersetze dich niemals demjenigen, der du bis hierher geworden bist. Ehre, akzeptiere und beobachte, wer du bist. Dann bist du imstande zu verwandeln, zu transformieren, was du an dir verändern willst.

Vertraue dir und deinem eigenen Prozess. Du wusstest immer, was zu tun war. Du brauchtest nur eine Erinnerung. Lebensweisheit ist das Wissen deines Herzens. Lebenserfahrung ist das Wissen deines Geistes.

Du kannst im Laufe deines Daseins Lebenserfahrungen sammeln. Aber um Lebensweisheit zu erlangen, musst du dich mit deinem Herzen in Einklang bringen.

„Ich schließe die Augen und verharre still, atme tief. Ich frage mich: Sind meine Wünsche wirklich das, was ich tief in meinem Herzen will? Und ist das mein Herz, welches zu mir spricht oder sind es Muster, Vorschläge, Erwartungen und Forderungen meiner Umgebung? Ich ehre Mein Eigenes Herz und lausche heute nur ihm. Ich weiß, was wirklich das Beste für mich ist..“

Fühl dich gut und erlaube dir, das Beste geschehen zu lassen.

Johanna Kern

ÜBER DIE AUTORIN

Johanna Kern ist eine kanadische Regisseurin, Produzentin, Drehbuch- und Buchautorin, die mit ihren Büchern schon viele Preise gewonnen hat. Außerdem ist sie Lehrerin für Transformation.

1993 begann sie, regelmäßig in spontane Trancen zu fallen, in denen sie sich in einem uralten Tempel wiederfand, wo sie von einem Meister die sogenannten Meisterlehren empfing.

In jener Zeit war es nicht einfach, Zugriff auf das Internet zu bekommen und es gab wenige Informationen, die ihr hätten helfen können zu verstehen, was da mit ihr passierte. Sie hatte einfach Angst.

Also schien es keine andere Möglichkeit zu geben, als ihr Schicksal zu akzeptieren und den neuen Weg zu beschreiten, der sich da vor ihr auftat.

Es erforderte eine ganze Menge Mut und Vertrauen aus ihren Alltagsleben auszusteigen, das angefüllt war mit Plänen und Aufgaben, um dem Ruf zu folgen.

So erinnert sich Iwona Majewska-Opielka, Psychologin und Autorin vieler Bücher, an ihre Begegnung mit Johanna Kern in Toronto und spricht über ihr erstes Buch „Der Meister und die Grünäugige Hoffnung“:

„Als Johanna mir bei unserem ersten Treffen von ihrer ungewöhnlichen Erfahrung erzählte, glaubte ich ihr zunächst nicht. Es war in der Mitte der Neunzigerjahre des letzten Jahrhunderts. Niemand sprach damals laut über alternative Welten. Deshalb beobachtete ich sie genau und suchte nach Anzeichen von Mystifikation oder Störungen des Bewusstseins und der Wahrnehmung. Ich konnte keine entdecken. Und als ich ihre zusammenhängenden, weisen und gleichzeitig einfachen und intuitiv wahrhaftigen Notizen las, dachte ich, dass eine junge Frau ohne einen Abschluss in Physik oder Philosophie sich so etwas nie hätte ausdenken können. Ich hatte die gleichen Gefühle, als ich damals 'Ein Kurs in Wundern' gelesen hatte. Ich entschied für mich, dass Johannas Wissen auch aus einer anderen Quelle gekommen war – größer und viel weiser.

Ihr erstes Buch ist eine wunderschöne Begegnung mit ihrer Lebensgeschichte, die in einfacher und spannender Art und Weise geschrieben ist. Wir sollten uns jedoch nicht von der leichten Form täuschen lassen und versuchen, zum Kern der Lehren vorzudringen, die darin enthalten sind. Wir werden Weisheit und Hoffnung entdecken. Da ist auch Liebe zu finden, die aus den Lehren und aus Johannas ureigenen Wesen erwächst. Wenn man sie kennenlernt, muss man sie einfach gern haben. Ich bin sicher, dass „Der Meister und die Grünäugige Hoffnung" viele Leser transformieren und faszinieren wird."

Die Meisterlehren, die Johanna in tiefer Trance empfing, entsprachen ihren Erfahrungen sowohl im privaten als auch im beruflichen Leben. Sie waren so geartet, dass sie sie in der ganzen Fülle erleben konnte, anstatt intellektuell mit ihrem Geist. Sie bekam Antworten auf die wichtigsten Fragen, die die Menschen seit Jahrhunderten beschäftigen, und sie erlangte eine neue Sichtweise auf alles, was uns heilig ist – uns selbst, unsere Herkunft und den Grund, weswegen wir hier sind:

Angefangen von der Bedeutung unserer Existenz bis hin zu einem Weg zu Glück, Erfolg, Macht, Überfluss und der Freiheit von allen Begrenzungen. Sie erfuhr, wie unsere Gedanken in Bezug auf Energie, von der wir alle Teil sind, funktionieren, sowie die Bedeutung und Natur des Geistes und der Materie, von Leben und Tod – und was wirklich das Rad der Schöpfung ist. Sie erfuhr, was es mit der sichtbaren und der unsichtbaren Welt auf sich hat, wie sich die Ewigkeit verewigt, wie neue Universen entstehen und wer die Bürger jenseits von Zeit und Körper sind.

Ihre eigene Lebenserfahrung hat ihr gezeigt, dass wenn man zum Kern ihrer Existenz vordringt, man ein glückliches Leben in Harmonie mit seiner inneren Wahrheit führen kann, das angefüllt ist mit Liebe. Viele Jahre schon gibt Johanna Kern Menschen Empfehlungen zu ihrer Gesundheit, Spiritualität, ihren Emotionen, in Familienangelegenheiten, Beziehungen und ihrer Karriere.

Sie hatte all die Jahre nach ihren Trancen über ihre Erfahrungen und über einige Lektionen, die sie erhalten hatte, Tagebuch geführt. Als sie sich nun 2013 entschloss, ihre Erlebnisse, basierend auf diesen Eintragungen, zu veröffentlichen, war sie gar nicht sicher, ob sie das Richtige tat. Sie erlebte gerade eine glänzende Karriere als professionelle Filmemacherin und befürchtete, ihre ungewöhnliche Geschichte könne ihr schaden.

Zu ihrer Überraschung geschah nichts dergleichen. Ihre Geschichte erfuhr sogar internationale Aufmerksamkeit, Leser in Nordamerika und Europa lobten sie, sie erfuhr Anerkennung beim „International Book Festival" in New York und San Franzisco und wurde von drei weltbekannten Experten unterstützt:-

„Johanna Kern ist eine ernsthafte Frau, eine talentierte Filmemacherin, die sich zu ihrem eigenen großen Erstaunen in einer Serie von wirklich bizarren, transzendenten, übernatürlichen Ereignissen wiederfand. Manchmal geschieht es, dass diese Personen ganze Bände von Durchsagen religiöser Offenbarungen und evolutionärer Wälzer mit Gebrauchsanleitungen wie ‚Das Urantia Buch' und ‚Ein Kurs in Wundern' aus dem All empfangen. Manchmal durchleben sie eine Serie von tranceähnlichen Zuständen und fangen an, angeblich uralte Weisheiten von sich zu geben und/oder sie beherrschen paranormale Phänomene. Johannas Geschichte ist besonders nützlich und interessant, weil sie die Entwicklung einer Person in einem längeren Zeitraum illustriert und wiedergibt – eine Antwort auf die ewige Frage ‚Was ist an der Sache dran?'. Auch ist ihr Buch sehr gut und unterhaltsam geschrieben, was es über die gewöhnlichen Arbeiten dieses Genres erhebt. Außerdem können Johannas Führungen auch für jemanden wertvoll sein, dem persönlich an spirituellem Wachstum gelegen ist."

-- Brian Van der Horst, *Autor, Journalist, Therapeut und Managementberater; Chef-Schulungsleiter für Europa des Ken Wilber Integral Institute; ehemaliger Director des Zentrum für fortgeschrittene Studien von Neuro-Linguisticher Programmierung in San Franzisko; er hat an der John F. Kennedy Universität , Orinda, Kalifornien, an der Universität von Kalifornien in Sonoma, an der Universität von Paris XIV & XIII und an der Apple Universität gelehrt; ehemaliger Akquisition Editor für Tarcher Books &*

Houghton Mifflin; ehemaliger Herausgeber von New Realities, Practcal Psychology, Playboy und The Village Voice; Autor von einigen Büchern und über tausend Zeitungsartikeln und Beiträgen in Magazinen. Derzeit schreibt er für Intelligence, einen News Letter über Neuro-Computing und Integral Leadership Review. Er arbeitete zehn Jahre lang in der Unterhaltungsindustrie als Vizepräsident für die Cannon Group und als Direktor für Werbung und Publicity für Atlantic Records. Van der Horst ist 1994 im Who's Who in the World aufgeführt und seit 2007 im Who's Who in Amerika.

„Vielen Dank, das mir eine Vorabbeurteilung von Johanna Kerns neuem Buch „Der Meister und die Grünäugige Hoffnung" ermöglicht wurde. Ich hatte vor, ein paar Seiten zu überfliegen, um einen Geschmack von der Geschichte zu bekommen und fühlte mich plötzlich mitgerissen von dem Strom ihrer Worte. Als Wissenschaftler, der viele Jahre dem ernsthaften Studium von Dingen gewidmet hat, die „bei Nacht zu rumpeln beginnen", habe ich direkt oder indirekt mit jeder Art außergewöhnlicher, menschlicher Fähigkeit zu tun gehabt und ich kann mich dafür verbürgen, dass Johanna Kerns spezielle Begabung ziemlich einzigartig ist. Irgendwo zwischen Nachtträumen, Halluzinationen, hypnotischen Zuständen und medialer Trance liegt eine reiche, graue Zone unerschlossenen, menschlichen Potentials.

Johanna Kerns Geschichte scheint in dieses Zwischengebiet zu fallen, aber was ihr Buch so einzigartig macht, ist ihre Fähigkeit , ein Netz von Worten über den Leser zu werfen, das ihm, ohne dass er stolpert, über die Frage ‚ist das real oder - nicht?', hinweghilft. Wie Castaneda wagt sich die Autorin als eine Art transzendente Anthropologin in eine andere Welt, kommt heil zurück und wartet mit einem Bericht auf, der uns allen das Gefühl vermittelt, auch dort gewesen zu sein. Ich glaube, es gibt eine große Gemeinde von Interessierten für diese wohl fundierte, intelligente Reise mit ihrem komplexen System vom Symbolen und Metaphern und der reichen Mischung von Charakteren aus verschiedenen Welten. Es ist gleichzeitig ein Roman, eine kreative Fiktion, eine wissenschaftliche Reise und eine wahre Lebensgeschichte. Mehr Macht für dich, Hermenethre!"

-- Dr. Jerry Solfvin, *Professor am Center for Indic Studies , Universität Massachusett, Dartmouth: ehemaliger Seniorpartner der Forschungsgruppe Psychical Research Foundation an der Duke (mit William Roll) – die Studien* *über Poltergeister, Meditation & Psi sowie Psychophysiologie (mit Ed Kelly) durchführt;; ehemaliger Direktor für den Magisterstudiengang in Parapsychologie an der John F. Kennedy Universität in Kalifornien; Dr. Solfvin vollendete seine Dissertation für den Ph.D. über Psi, Heilung und Placebo in Utrecht (mit Martin Johnson & Sybo Schouten), Er betreibt For-schungen über Psi dimensions of expectancy and placebo effects.*

„Ich habe Johanna Kerns Manuskript gelesen und fand es sehr fesselnd. Vom psychologischen Standpunkt aus legt es nahe, dass ihre „spontanen Trancen“ ein Hinweis darauf sind, dass der REM Zyklus (Rapid Eye Movement – schnelle Augenbewegungen) auch am Tag fortgesetzt wird, die meisten Menschen bemerken das jedoch nicht. Ms. Kern mag besonders empfänglich dafür sein und ihre „spontanen Trancen“ können sich in der Zeit ereignet haben, wenn sie lebhafte Träume hatte. Aber nur, wenn sie geschlafen hätte. Ernest Rossi hat beachtliche Forschungen über diese Zyklen angestellt und beobachtet seine Klienten für eine klinische Hypnose so, dass diese als Entsprechung zur Nacht-REM mit der Tages-REM zusammenfällt. Das Material selbst erinnert an die Bücher von Castaneda. Ms. Kern jedoch hat nicht irgendwelche Substanzen eingenommen, ihre Reise fand völlig im Ihrem Inneren statt (so lief sie nicht Gefahr, einen ‚Don Juan' verteidigen zu müssen, der vielleicht existierte oder auch nicht). Der Meister könnte das Produkt ihrer Phantasie sein oder er könnte ein Wesen in einer ‚imaginären' Welt sein, der Welt, die Carl Jung den ‚Archetypus' nennt. Der Meister kann also auch außerhalb der Besuche von Ms. Kern existieren und andere Menschen könnten ihn ebenfalls kontaktieren, weil er das repräsentiert, was Jung ‚das kollektive Unterbewusstsein' nennt.“

Ms. Kern schreibt außergewöhnlich gut und erzählt ihre Geschichte in einem engagierten, leserfreundlichen Stil. Wie ich über Castaneda bereits sagte, ist es nicht so wichtig, zu wissen, von wem diese ‚Lebenslektionen' sind. Entscheidend ist zu wissen, ob sie den Menschen helfen und zu ihrem Glücklichsein beitragen. Ihr Buch ‚Der Meister und die Grünäugige Hoffnung', finde ich, trägt wahrhaft zum Wohlbefinden des Menschen bei.“

-- Dr. Stanley Krippner, *Professor für Psychologie, Saybrook Universität; ehemaliger Präsident der Gesellschaft für Human-psychologie, der Gesellschaft* *für Parapsychologie und der Gesellschaft für Studien von Träumen; ein Charter Mitglied der internationalen Gesellschaft für die Studien von Dissoziationen; Mitglied der amerikanischen psychologischen Gesellschaft, der Gesellschaft für wissenschaftliche Studien von Sex, der amerikanischen psychologischen Gesellschaft, der amerikanischen Gesellschaft für klinische Hypnose und der Gesellschaft für wissenschaftliche Studien von Religion; ehemaliger Direktor der Traumlaboratorien am medizinischen Zentrum Maimonides in New York und The Child Study Center an der Kent State University.*

Mit ihren eigenen Worten beschreibt Johanna Kern den Beginn ihrer lebensverändernden Reise in ihrem zweifach ausgezeichneten Buch „Der Meister und die Grünäugige Hoffnung“ so:

„Willkommen, Tochter“, sagte der Meister.

Und so hat alles angefangen.

Ich stand dem Hohepriester gegenüber und er schaute mich an. Durchdringend, intensiv, real. Ich spürte, wie seine Augen mich erforschten, innerlich und darüber hinaus.

Jetzt habe ich die Bescherung – dachte ich. Wie komme ich hier wieder raus?

Ich bin unendlich neugierig. Leidenschaftlich und freudig neugierig. Und so manövriere ich mich oft in bestimmte Situationen. Diese war eine davon. Ich befand mich in einem uralten Tempel, fühlte mich bewegungsunfähig durch die Kraft, die der Hohepriester ausstrahlte und mein Wille war gefangen, schmolz dahin.

Nein, ich hatte keine Zeitmaschine erfunden. Selbst wenn ich an dergleichen geglaubt hätte, ich wäre mangels Wissen und Können gar nicht dazu in der Lage gewesen. Ich hatte auch nicht mit Drogen experimentiert oder irgendwelche halluzinogenen Substanzen eingenommen. So etwas war meine Sache nicht.

Was mich hierher in den alten Tempel zu dem Hohepriester gebracht hatte, überstieg mein Verständnis. Ich war und bin eine ganz normale Person und halte mich für vernünftig und anständig, war zweiunddreißig Jahre alt, mein Leben war ausgefüllt und ich hatte keine Zeit für magischen oder mystischen Unsinn.

Mein Mann, mein Sohn und ich waren vor kurzem von Europa nach Toronto in Kanada gezogen und das hatte uns drei sehr in Anspruch genommen. Alles war anders hier und ich musste sämtliche Regeln des Alltag ganz neu lernen.“

Obwohl Johanna Kerns Geschichte sich anhört wie ein Traum, der wahr geworden ist, musste sie einen hohen Preis für das bezahlen, was sie lernte. Sie musste alles hinter sich lassen, was ihr lieb und teuer war, um Lehrling bei dem Meister zu werden. Die Trancen gingen weiter und sie musste über mehrere Jahre etliche Initiationen hinter sich bringen, um die nächste Stufe ihrer Ausbildung im heiligen Wissen zu erreichen, in dem sie schließlich zur Meisterin wurde.

Als Menschen aus verschiedenen Lebensbereichen auf ihrem Weg auftauchten und um Rat, Heilung und Führung baten, schien alles auf so natürliche Weise zu geschehen, als ob sie irgendwie wüssten, wie sie zu finden war und wussten, dass sie helfen konnte.

Ohne darüber zu sprechen, woher sie ihre Fertigkeiten und ihr Wissen bezog und noch während ihrer Vollbeschäftigung als Filmemacherin wurde sie zur Beraterin, Heilerin und Lehrerin.

Johanna Kern teilt weiter ihr Wissen auf ihrem Blog und ihrer Internetseite: https://johannakern.com/

Sie schreibt und nimmt regelmäßig MP3s auf, um auf die Frage ihrer Leser und Hörer zu antworten. Bücher und MP3s sind weltweit bei Amazon vielen der beliebtesten Websites von Online-Händlern in mehreren Sprachen erhältlich. Sie machte auch eine Serie von einstündigen Radiosendungen mit dem Titel Das Leben, das du dir wünschst, gehört dir, das im British Islanders Radio auf Sendung ging (die Archive findet man in ihrer offiziellen Webseite) und sie betreibt ihren eigenen YouTube -Kanal.

2013 gründete Johanna Kern mit ihrem Mann, Patrick Kern, die Non-Profit Organisation „Humans Of Planet Earth ASSN.“ (H.O.P.E. ASSN.) – um Menschen in ihrem Wachstum zu unterstützen und ihnen zu helfen, das Leben zu führen, für das sie geboren wurden – wahrhaft glücklich, gesund, bedeutungsvoll und erfüllt.

Veröffentlichungen von Johanna Kern – Deutschsprachige Ausgaben

– „Meister und die Grünäugige Hoffnung"

– „Die 7 Mächte, die die Welt erschaffen & Die 7 Mächte In Dir: Meisterlehren der Hoffnung – Band I"

– „365 (+1) Affirmationen für ein großartiges Leben: Erfolg, Glück, Gesundheit und Wohlstand"

– „Geheimnisse der Liebe: Was Du wissen musst um eine phantastische Beziehung zu haben"

Buchpreise der englischen Ausgaben:

– „Die Geburt einer Seele" – Zweiter Platz auf der Buchmesse in San Franzisko 2021, in der Abteilung *Spiritualität und Inspiration*

– „Die Geburt einer Seele" – Ausgezeichnet auf der Buchmesse in New York 2021, in der Abteilung *Spiritualität und Inspiration*

– „356 (+1) Affirmationen für ein Großartiges Leben: Erfolg, Glück, Gesundheit und Wohlstand" – Ausgezeichnet auf der Buchmesse in Los Angeles 2018, in der Abteilung *Allgemeine Sachliteratur*

– „Geheimnisse der Liebe: Was Du wissen musst um eine phantastische Beziehung zu haben" – Ausgezeichnet auf der Buchmesse in Los Angeles 2018, in der Abteilung *Ratgeber/Lebenshilfe*

– „Meister und die grünäugige Hoffnung" – Ausgezeichnet auf der Buchmesse in San Franzisko, 2013, in der Abteilung *Spiritualität und Inspiration*

– „Meister und die grünäugige Hoffnung" – Ausgezeichnet auf der Buchmesse in New York 2013, in der Abteilung *Spiritualität und Inspiration*

– „Schattenland: Die Legende" – Zweiter Platz auf der Buchmesse in San Franzisko 2013, in der Abteilung *Junge Erwachsene*

MP3s zur Umprogrammierung des Unterbewusstseins – Englischsprachige Ausgaben:

- „Das Leben, das du dir wünschst, gehört dir: Programmiere dich zum Erfolg, Glück, zur Gesundheit und zum Wohlstand“
- „Heile deinen Körper und deine DNA:

erhole dich von deiner Krankheit und repariere deine DNA“

- „Schenk dir Fülle:

Du kannst sie haben, lebe sie – weil sie dir gehört“

- „Reduziere schnell und natürlich dein Gewicht:

Wirf die schwere Last deines Fettes und deiner unbewussten, negativen Programmierung ab“

- „Dein wunderschöner, gesunder und jugendlicher Körper:

Programmiere dich, damit du dich an deinem natürlich schönen und gesunden Körper erfreust und ihn liebst“

Notiz: Johanna Kern nimmt weiter MP3s auf und schreibt weitere Bücher. Um auf dem Laufenden zu bleiben, ist es am besten, sie auf ihrer offiziellen Internetseite zu besuchen:

https://johannakern.com

Verbinde dich mit Johanna Kern

Abonniere Johanna Kerns Newsletter auf ihrer offiziellen Internetseite:

https://johannakern.com

Like Johannas Seite auf Facebook

https://www.facebook.com/JohannaKernAuthor/

Verbinde dich mit Johanna Kern auf LinkedIn:

https://www.linkedin.com/pub/johanna-kern/5/127/869

Melde dich auf Johanna Kerns YouTube Kanal an:

https://www.youtube.com/channel/UC8mAjgjRb76nI2AqdaDwSVw

Um herauszufinden, ob Johanna Kern für Events verfügbar ist, schreib eine

E-Mail an:

info@JohannaKern.com

INDEX INNERER REISEN

www.ingramcontent.com/pod-product-compliance
Lightning Source LLC
Chambersburg PA
CBHW061723270326
41928CB00011B/2094